Peter Hörstensmeier
Peter Schneider

Ich bin Wirt

Eine Liebeserklärung an das
zweitälteste Gewerbe der Welt

Überleben im Zeichen des

Mit Illustrationen von C. P. Heller

MegaConsult Hamburg

CIP-Kurztitelaufnahme der Deutschen Bibliothek

Hörstensmeier, Peter:

Ich bin Wirt / von Peter Hörstensmeier und Peter Schneider.
- Hamburg: MegaConsult, 2002
ISBN 3 - 8311 - 4593 - 8

NE: Schneider, Peter: GT

ISBN 3 - 8311 - 4593 - 8

Herstellung: Books on Demand GmbH

Inhaltsverzeichnis

Vorwort des Wirts

Ich bin Wirt und berichte aus meinem Berufsalltag. Ich tue das, weil ich meinen Kollegen – besonders den jüngeren unter ihnen – eine Kontrolliste geben möchte, die ihnen hilft, alles richtig zu machen, manches anders und ein paar Sachen neu.

Ich habe noch kein Buch gefunden, in dem auf die Probleme und Notwendigkeiten unseres Berufs klare Antworten und anwendbare Tips gegeben werden, wie ich sie mir wünschen würde. Die Wirte selbst haben keine Zeit und meist auch nicht die Veranlagung zum Schreiben. Die Buchschreiber sind oft Theoretiker oder Spezialisten, niemals aber Generalisten, wie wir es ja sein müssen.

Weil ich auch wenig Zeit habe, kam ich auf die Idee, einen Journalisten zu bitten, sich anzuhören, was ich gerne sagen möchte und unsere Gespräche aufzuschreiben und in eine lesbare Form zu bringen. Das Ergebnis ist in den folgenden Kapiteln nachzulesen. Auf gedrängtem Raum ist hier das Wichtigste für unsere tägliche Praxis zusammengetragen. Für Anregungen zur Verbesserung bin ich allen Kollegen und Interessierten dankbar.

Peter Hörstensmeier

Vorwort des Schreibers

Ich bin Journalist und befasse mich mit unterschiedlichsten Themen. An diesem Thema hat mich fasziniert, wie jemand, der von seinem Beruf begeistert ist, so eindeutig die Materie beherrscht, daß er immer wieder neue und überraschende Aspekte aufzeigen kann.

Ich war neugierig, was man anders und besser machen kann, um alles, was da so im Hintergrund geschieht, zu optimieren. Vom ersten Gespräch am heimischen Kamin, über die Besichtigung der verschiedenen Räumlichkeiten und bis hin zur teilnehmenden Beobachtung des realen Geschehens kamen wir immer schnell auf den Punkt.

Meine Aufgabe war es, gesprochene Sprache in geschriebene umzusetzen und den Stoff zu gliedern. Dabei habe ich mich bemüht, das Interview noch erkennen zu lassen. So ist ein Manuskript entstanden, das ohne modernistisches Vokabular oder modische Schnickschnacks auskommt. Es kann so gelesen werden, als fragte man den Kollegen nach seiner Meinung.

Peter Schneider

1. Der Wirt - Gastgeber für Magen und Seele

Warum ich Wirt geworden bin? Vielleicht weil schon mein Vater diesen Beruf ausübte, sicher aber, weil ich gerne mit Menschen zusammen bin. Ein ungeselliger Wirt ist schlimmer als ein unbeholfener Fußballspieler oder ein menschenscheuer Lehrer oder ein ungläubiger Pfarrer. Dabei habe ich es mit zwei Gruppen von Mitmenschen zu tun: Mit meinen Gästen und mit meinen Mitarbeitern. Die einen suchen Entspannung, Abwechslung, Gesellschaft, gutes Essen, schöne Umgebung und die anderen ein angenehmes Arbeitsklima, nette Kollegen, einen freundlichen Chef und gute Verdienstmöglichkeiten.

Wirt sein hat viel mit dem Bauch zu tun. Einmal leitet sich die Berufsbezeichnung „Gastronom" davon her, dann wegen des Ziels meiner Kochkünste und nicht zuletzt wegen des Gespürs für Situationen und Gäste. Als Wirt bin ich auch im Wortsinne Hausherr, der das Sagen hat, und gleichzeitig Gastgeber, der seine Gäste bewirtet. Wenn ich die Anforderungen an einen Wirt von A bis Z auflisten, sieht man, daß es Bereiche gibt, die besonders den Wirt auszeichnen: Kommunikation, Charakter, Geschäftsführung.

Aufgeschlossen sein
Ausgeglichen sein
Chef sein
Diplomatisch sein
Energisch sein
Fachkundig sein
Freundlich sein
Gastgeber sein
Gepflegt sein
Gesetze kennen
Gesund sein
Humor haben
Kaufmann sein
Kochen können
Kommunikativ sein
Kontaktfreudig sein
Kooperativ sein
Kreativ sein
Menschen kennen
Optimistisch sein
Rechnen können
Risikobereit sein
Schlichten können
Streßresistent sein
Unbescholten sein
Neutral sein
Verhandeln können
Verheiratet sein
Zielorientiert sein
Zuhören können

Ich muß auf Menschen zugehen und mit ihnen umgehen können. Ich muß Brücken schlagen, ihnen meine Dienstleistung anbieten, und das in der Gaststube genauso wie im Internet. Ich muß meinen Beruf und meine Gäste mögen, erst dann bin ich freundlich und aufgeschlossen, weil ich es von innen heraus bin. Ein grimmiger Wirt, eine knorrige Eiche, wirkt nicht sehr sympathisch. Ich muß mich auch ausdrücken können, klar und verständlich sprechen und genauso gut zuhören können. Oft bin ich ein aktiver Zuhörer, der Verständnis für sein Gegenüber und seine Probleme signalisiert. Ich kann mit geschickten Fragen anderen zu Erkenntnissen verhelfen, die ihnen klar werden, weil sie etwas aussprechen dürfen.

Ein Wirt muß ausgeglichen und diplomatisch sein. Dazu muß er Menschenkenntnisse besitzen. Erst dann kann er unvoreingenommen und dank seiner Autorität oder Verbindlichkeit zwischen seinen Gästen schlichten, wenn es sein muß. Andererseits muß er energisch sein und sich durchsetzen und das alles mit einem Schuß Optimismus und Humor.

Der Wirt ist auch Geschäftsmann; d.h. er muß ein guter Kaufmann sein und rechnen können, denn er lebt von dem, was er erwirtschaftet. Als Kaufmann darf er nicht einschlägig vorbestraft sein und muß die wichtigsten Gesetze kennen und beachten. Immer wieder muß er mit Geschäftspartnern verhandeln und mit ihnen gemeinsam Lösungen finden, die eine gute Zusammenarbeit ermöglichen. Er braucht den Mut zum Risiko und muß gelassen mit Streß umgehen können, nur so kann er mit Kreativität seine Ziele erreichen.

Als Chef muß der Wirt mit seinen Mitarbeitern kooperieren, denn die Aufgabe verlangt eine eingespielte Mannschaft, auf die in Küche und Service Verlaß ist. Alle müssen daher fachlich auf dem neuesten Stand sein und kochen, servieren,

verkaufen und betreuen können. Dazu muß er sie ständig anhalten und genau informieren.

Der Wirt muß gesund sein, um diesen schweren Beruf ausüben zu können. Er muß gepflegt aussehen und am besten verheiratet sein. Seine Frau sollte im Geschäft mitarbeiten und
wichtige, ihn entlastende Aufgaben übernehmen, so daß sich
beide ergänzen. Wer sich entschließt, Wirt zu werden, sollte
diese Anforderungen in Ruhe durchdenken und sich darüber
Rechenschaft ablegen, ob er so ist, dann alles kann und auch
Spaß daran hätte. Sagt er zu den meisten Anforderungen un-
eingeschränkt „Ja!", hat er den richtigen Beruf gefunden. Willkommen im Club!

2. Einkaufen - Das Richtige herausfinden

Einkaufen heißt, mit viel Information und Verhandlungsgeschick abzuwägen, ob Qualität, Menge und Preis des Anbieters stimmen, wenn ich einen bestimmten Service brauche und nur eine gewisse Lagerkapazität habe. **Wer große Mengen ordert, bekommt viel Rabatt.** Diese Grundregel des Einkaufs gilt in allen Bereichen. Als Gastronom kann ich größere Mengen einkaufen, wenn ich liquide bin und die nötige Lagerfläche habe. Deswegen kaufe ich nur solche Waren in großen Mengen ein, die wenig Platz wegnehmen und ihren Wert haben. Ein einfaches Verfahren, um das günstigste Verhältnis von wertiger und weniger wertiger Ware im Verhältnis zu meinem Lager herauszufinden, ist die **ABC-Analyse.** Waren, die teuer sind und oft gebraucht werden, bezeichne ich mit „A". Auf sie achte ich beim Einkauf besonders genau. Was verhältnismäßig billig ist und leicht zu beschaffen, bezeichne ich mit „C". Dazwischen liegen die B-Waren. Das Verhältnis von A zu B/C soll 20% zu 80% als Menge betragen. Der Wert hat meist das umgekehrte Verhältnis von 80:20. Auch muß ich in Zusammenhängen denken. Jeder weiß, daß Filetstücke zu Weihnachten rapide anziehen, manchmal verdoppelt sich der Preis. Im November habe ich die letzte Chance, noch zu einem angemessenen Preis einkaufen zu können. Dafür mache ich Lagerkapazitäten frei. Ich kann mir leicht ausrechnen, daß es sogar günstiger sein kann Geld aufzunehmen und Zinsen dafür zu zahlen.

Wertige Ware saisonal günstig einkaufen

Artikel	Feiertags benötigte Meng in kg	Preis pro kg in €	Preis Gesamt	Preis pro kg vor Feiertagen	Mehrpreis	bei 10% Zinsen für 80 Tage	Gespart
Rinderfilet	100	15,00	1.500,00	17,00	200,00	24,90	175,10
Schweinefilet	150	7,50	1.125,00	9,50	300,00	18,68	281,33

Ich rechne genau und spare viel Geld durch einfaches Nachdenken. Nehmen wir nur den Kaffee-Einkauf. Manche denken: „Die paar Kilo, das bringt ja nichts!" Für sie ist er C-Ware. Aber viele Betriebe haben einen erheblichen Verbrauch und Kaffee ist verhältnismäßig teuer (B-Ware). Hier lohnt es ich nachzurechnen, wenn man bisher noch nie über den Preis der eingesetzten Ware nachgedacht hat.

Es kommt natürlich auch immer auf die Händler an, **ob ich Preisverhandlungen führen kann**. Einige lehnen es strikt ab und lassen nicht am Preis rütteln. Anderen macht es richtig Spaß zu handeln. Sie sehen ein, daß die heutige Zeit das verlangt. Natürlich ändern sich die Preise je nach dem Bedarf oder nach der Marktlage. Aber unter Garantie sind zehn bis fünfzehn Prozent Spielraum drin, wenn ich zur rechten Zeit die richtige Menge brauche. Unser Gasthaus liegt auf dem Lande und ich habe mein Lager groß gewählt, um nicht in Schwierigkeiten zu geraten, auch meine Kühlräume sind recht groß. Als ich die Lager einrichtete, habe ich größer bauen lassen als es der damalige Bedarf erforderte. Es entstanden im Verhältnis von gewonnenem Raum zum Grundpreis keine großen Mehrkosten und im Nachhinein bin ich froh, es so gemacht zu haben. Für bestimmte Produkte, z.B. für Mehl und Zucker, mache ich mit dem Händler einmal einen **Festpreis** über eine gewisse Menge aus, und dann hat es sich. Er hat seinen Lieferumfang, weiß, welchen Umsatz er mit mir macht, und kann danach seinen Preis einschätzen. Das ist für ihn kalkulierbarer, als wenn ich Woche für Woche den Zucker kiloweise bei ihm kaufe. Und mit der Lagerung habe ich auch keine Last. Ich brauche ja nicht die ganze Menge Zucker auf einmal abzunehmen; ich kann das nach und nach vom Lager des Lieferanten abrufen – und bezahlen. Die vereinbarte Menge muß ich natürlich abnehmen und kann ihm nicht irgendwann sagen, daß ich das nicht mehr brauche. Mancher Händler ist auch da noch kulant und verkauft meine Partie an einen anderen Kunden, aber oft kann man das nicht machen. In der folgenden Woche suche ich mir einen anderen Artikel heraus, den ich mir zu einem guten Preis hinlegen kann. Ich brauche mir ja nicht das ganze Lager vollzupacken, es reichen einige ausgewählte A-Produkte, die Geld bringen, wenn ich sie günstiger einkaufen kann.

Wenn ich günstig einkaufen will, muß ich die Preise vergleichen, und das stellt mich gleich vor ein Problem: Wie hältst du es mit der Qualität? Zucker ist zwar gleich Zucker, aber Fleisch ist nicht gleich Fleisch. Ich muß den **Qualitätsstandard**, den ich bieten muß, richtig abwägen. Nicht jeder muß die Top-Qualität haben, oft reicht auch eine normale, gute Qualität völlig aus, wenn sie zum Haus und zur Kundschaft paßt. Beim Spargel gibt es die 1. Wahl, d.h. die Ware ist lang, gerade und dicker, oder die 2. Wahl. Die ist genau das Richtige für eine Gemüseplatte. Auch die empfundene Qualität spielt manchmal eine Rolle: In einem Top-Restaurant im Main-Taunus-Kreis speisten die Vorstände einer Bank nach ermüdender Sitzung. Es ging bis weit in die Nacht. Einer der Herren rief den Wirt und meinte, ihm den Rat geben zu müssen, daß die Filetspitzen doch eine Kleinigkeit zu zäh geraten seien, und er seinen Lieferanten doch einmal daraufhin ansprechen möge. Es half nichts, daß der Wirt - selbst ein Gourmet - beteuerte, er kaufe dort, wo auch Bocuse einkaufe, die Herren bestanden auf der höchsten Qualitätsstufe. Vielleicht war es auch nur falsch gebraten.

Beim Einkauf von Markenartikeln schaue ich auf den Cent. Bei dem einen Lieferanten kostet die Flasche Kräuterlikör 9,15 €, bei dem anderen 8,80 €. In beiden ist die gleiche Menge vom gleichen Kräuterlikör drin, er wird von beiden angeliefert und von mir weiterverarbeitet. In diesem Fall spielt für mich lediglich der Preis eine Rolle. Produktpreise zu vergleichen, ist zeitaufwendig, denn ich darf dabei nicht nur an Zucker und Mehl denken. Ich arbeite ja mit einigen hundert Artikeln in meinem Geschäft und da lohnt es sich, bei allen die Augen offen zu halten: Einmal brauchte ich eine Packung

Dekorationsfähnchen. Die kostete bei meinem Lieferanten 7,52 €.
„Dafür klapperst Du jetzt nicht noch Händler ab!", dachte ich mir.

Ergebnis einer Einkaufsverhandlung über Spirituosen:

Artikel	Menge in Flaschen	Angebots-preis in €	Angebots-preis gesamt in €	Ausgehan-delter Preis in €	Neuer Ge-samtpreis in €	Gespart
Kräuterlikör	90	9,15	823,50	8,80	792,00	31,50
Korn	120	4,85	582,00	4,65	558,00	24,00
Aquavit	90	9,65	868,50	9,25	832,50	36,00
Likör	120	6,40	768,00	6,05	726,00	42,00
Weinbrand	150	9,15	1.372,50	8,95	1.342,50	30,00
Whisky	50	10,15	507,50	9,60	480,00	27,50
			4.922,00		4.731,00	191,00

„Das bestellst Du jetzt." Aber wie ärgerte es mich doch, als ich in einem Geschäft genau diese Packung Fähnchen für 3,48 € zu sehen bekam. Da hatte mir mein Händler einen ganz schlechten Preis gemacht. Wenn man also Preisvergleiche anstellt, sollte man auch alles mit einbeziehen. Und nicht vergessen, auf der Rechnung nachzuprüfen, ob der Preis auch eingehalten wurde!

Ich akzeptiere nur Kilopreise, um vorzubeugen, daß man mir unvergleichbare Daten liefert. Viele Händler geben Portionspreise an, so daß bei ihnen z.B. eine Portion Fisch, fertig geschnitten, 1,10 € kostet. Da muß ich mir dann die Arbeit machen, den Kilopreis zu errechnen. Die Händler stellen sich schließlich darauf ein, wenn ich darauf bestehe, nur über Kilopreise zu verhandeln. Das kennen sie schon von der Preisauszeichnung nach dem EG-Recht. Bei Konserven ist das wieder anders, da muß auch ich mit anderen Maßen zurechtkommen.

Am liebsten kaufe ich direkt beim Hersteller. Wir haben die Fischverarbeitung in der Hafenstadt oder in der Kreisstadt die Gurken- und Sauerkraut-Produktion in unserer Nähe. Ob es nun ein Schlachthof ist oder ein Gänsebauer, überall kann man Hersteller ausfindig machen, am einfachsten im Branchenbuch oder im Internet. Ich wende mich an diese Betriebe und verhandle mit ihnen. Für unser Brunchbüffet am Sonntag brauchen wir zwar eine gute Qualität, es ist aber gleich, welche Sorte Fisch wir anbieten. Die Fischverarbeiter waren über meine Anfrage erfreut, denn ich nahm ihnen ab, was sie bis dahin nicht weiterverkaufen konnten. Was sie als Schwund oder Minderqualität bezeichnen, kann ich als Gastwirt aufarbeiten, denn die Minderqualität liegt nicht im Produkt selber, sondern in der Größe oder Farbe. Auf diese Weise bin ich günstig an gute Ware gekommen und das für einen guten Preis. Wenn ich selbst hingehe, komme ich schnell an die richtigen Leute. Manche wollen, können oder dürfen auch nicht mit uns handeln. Andere verweisen mich an den Personalverkauf oder an den Verkauf. Man muß eben selbst seine Erfahrungen machen.

Man kann sich Einkaufsgenossenschaften anschließen, um pauschal günstiger einzukaufen. Sie verlangen eine Aufnahmegebühr und man muß eine Kaution hinterlegen, die es bei Austritt wiedergibt. Sie bieten günstige Preise und wickeln alle Zahlungen mit den Händlern ab. Das machen sie nicht umsonst, denn sie verdienen daran, daß sie den ausgehandelten Preis nur zum Teil weitergeben. Ich mache da nicht mit; ich kann mit meinem Bedarf die Preise besser allein verhandeln. Ich bin unabhängig und glaube, auch gute Preise herauszuholen. Meine Kollegen sind oft unzufrieden mit ihren Genossenschaften: es werden nicht alle Produktbereiche abgedeckt, oder sie haben Produkte oder Marken, die man gar nicht gebrauchen kann. Jeder kann ja selbst nachrechnen, wo er günstiger zu seiner Ware kommt.

Ich wähle den Lieferanten auch nach seinem Serviceangebot aus, wenn ich bedenke, daß ich ständig bis zu 200 Produkte im Hause haben muß. Bei Frischwaren wie Gemüse, Fleisch und Obst habe ich einen Lieferanten, der bereit ist, im Notfall auch zu ungewöhnlichen Zeiten zu liefern. Ich kann ihn am Sonntag anrufen und er liefert mir die fehlenden Dinge schnell zu. Deshalb nehme ich nicht einfach nur den billigsten Anbieter. Denn guter Service kostet etwas und das wird auf den Warenpreis aufgeschlagen. In unserem Geschäft kann

man viele Dinge nicht vorhersagen, z.B. ob das Wetter am Wochenende mitspielt, wie viele Ausflügler kommen, wann ein paar Busse hereinschneien. Man kann natürlich Statistiken führen, aber in der Realität sieht es oft ganz anders aus. Wenn man dann einen Lieferanten hat, der auch sonntags liefert, ist das Gold wert. Man braucht nicht zuviel einzukaufen und hat auch keinen Verlust durch fehlende Ware.

Wenn man sich mit den Kollegen gut versteht und sich gegenseitig aushilft, ist es auch kein Problem, auf diese Weise Ware zu bekommen. Deshalb spreche ich einmal in der Woche persönlich mit meinen Kollegen, und wir haben ein so gutes Verhältnis untereinander, daß wir uns im Notfall zu jeder Zeit mit Ware zu Hilfe kommen.

Selbsterstellte Checklisten sind ein wichtiges Hilfsmittel. In ihnen sind alle Produkte, die ich im Haus habe, aufgeführt. Bisher habe ich mir die Aufträge im Laufe der Woche angesehen, und dann einfach aus dem Bauch heraus bestellt: So und soviel Kaffee oder Erbsen meinetwegen. Nur irgendwann hatte ich nicht das Richtige bestellt oder etwas vergessen und dann war Holland in Not. Durch diese Listen sind wir jetzt immer auf der sicheren Seite. Ein Vorteil der Liste ist es auch, daß ich jeden Mitarbeiter hinschicken kann, das Lager zu kontrollieren. Er hat die Liste und kann danach abstreichen oder dazuzählen, wenn ich selber keine Zeit habe. Er braucht lediglich den Bestand aufzuschreiben und das kann jeder im Betrieb. Außerdem habe ich die Liste so gegliedert, daß sie nicht nur alphabetisch, sondern auch nach Abteilungen gelesen werden kann. Solche Abteilungen sind bei mir Kühlhaus, Tiefkühllager, Vorratsraum, Spirituosen, Reinigungsmittel und Servicebedarf. Wir müssen nicht von einem Lager zum anderen laufen, um ein Produkt zu kontrollieren, wir haben in wenigen Augenblicken das ganze Lager und seinen Bestand vor Augen. Um die Übersicht über das Lager zu behalten, haben wir ein Pinbord eingerichtet. Jeder, der sieht, daß etwas auszugehen droht, hängt einen Memozettel an das Bord und ich weiß, was bestellt werden muß. Jetzt kann ich mich ruhig ins Büro setzen, die Aufträge für die kommende Woche nachsehen und daraufhin bestellen. Dadurch habe ich auch keine Fehlbestellung, das kommt so gut wie gar nicht mehr vor.

Ausschnitt aus meiner Bestelliste:

Art	Artikel	Bestell -Nr.	Preis	Einheit	Menge
Dessert	D Götterspeise rot, gelb, grün	31245878	5,06 €	kg	
Dessert	D Diäteis	22225558	5,06€	kg	
Dessert	D Eiswaffeln Tekrum 500 St.	25258587	7,60 €		
Dessert	D Kochpudding-Mandel	32659874	2,14 €	kg	
Dessert	D Palmwedel	10876046	8,16 €	kg	
Dessert	D Rote Grütze Pulver Meier	31245878	1,37 €	kg	
Dessert	D SchokoPudding z. Kochen	22225558	2,50 €	kg	
Dessert	D Schokosauce 11	25258587	5,06 €	kg	
Fisch	Aal, geräuchert	15454877	17,30 €	kg	
Fisch	Brathering	10815731	4,45 €	kg	
Fisch	echter Lachs	32659874	16,50 €	kg	
Fisch	F Gabel Rollmops	25258587	17,87 €	kg	
Fisch	F Matjes	32659874	0,40 €	Stk/50g	
Gewürz	Curry-Sauce Knorr-Paste	15658754	10,00 €	kg	
Gewürz	G Bratfischgewürzsalz-Ubena	31245878	5,80 €	kg	
Gewürz	G Curry Pulver	22225558	19,90 €	kg	
Gewürz	G Dill, Getr.Dose-Ubena	25258587	18,00 €	kg	
Gewürz	G Ingwer Gewürz	32659874	8,00 €	kg	
Gewürz	G klarer Bratensaft Knorr	10876046	12,10 €	kg	
Gewürz	G Klare Fleischbrühe Knorr	31245878	6,74 €	kg	
Gewürz	G Kräuterbuttergewürz	22225558	19,50 €	kg	
Gewürz	G Kräuteressig 10l 5%	25258587	0,60 €	kg	
Gewürz	G Muskatnuß gerieben	10876046	15,50 €	kg	
Konserven	KS Ananas3/1Ds Ringe	22225558	3,04 €	DS	
Konserven	KS Apfelmus,1/1 Ds	25258587	0,60 €	DS	
Konserven	KS Birnen1/1 DS	32659874	1,25 €	DS	
Konserven	KS Bohnen, Dosen	10876046	0,93 €	DS	
Konserven	KS Champignons 1 Wahl geschn	10876046	3,45 €	DS	
Konserven	KS Erbsen und Möhren 5/1	10876046	2,85 €	DS	
Konserven	KS Erbsen/Möhren 1/1	31245878	0,65 €	DS	

Mein Warenlager ist der Indikator für das Qualitätsniveau meines Einkaufs. Wenn Ware verfällt oder verdirbt, ist das für mich als Gastwirt doppelt schlecht:

1. ich habe Ware gekauft, die keinen Umsatz bringt.
2. Die gekaufte Ware erscheint im Wareneingangsbuch und der Wareneingang bestimmt rechnerisch den Umsatz meines Betriebes, für den sich besonders das Finanzamt interessiert.

Die Übersicht über das Lager fehlt in vielen Betrieben. Um dem vorzubeugen, haben wir, bevor die Arbeit beginnt, ein Meeting aller Küchenkräfte. Wir sehen uns gemeinsam die Verfallsdaten an, besonders bei Fleisch, Fisch und Gemüse, die schnell verderben können. Neue Kartons aufzureißen, neue Gebinde anzubrechen, ist immer einfacher als angefangene Produkte zu verbrauchen. So aber haben wir gemeinsam den Überblick, wo was liegt. Wenn die Ware schon anfängt zu verderben, ist es bereits zu spät, denn ich darf niemals verdorbene Ware verkaufen, damit schneide ich mir ins eigene Fleisch. Da muß ich rechtzeitig aufpassen. Bevor es soweit kommen kann, erstelle ich mir für den Tag ein Konzept, um solch gefährdete Ware abzuverkaufen. Ich biete ein günstiges Tagesessen oder stelle die Speisekarte kurzfristig um. Den Lagerbestand im Auge zu haben, auch für das A-la-carte-Geschäft, bringt mehr Geld als ein noch so günstiger Einkauf. Je kleiner die Produktpalette ist, desto einfacher ist der Einkauf, um so geringer ist auch der Verderb.

Neues aus meinem Fachgebiet erfahre ich auf Messen. Da habe ich alles vor Ort, kann das Produkt sehen, schmecken, ausprobieren und habe auch gleich die Fachleute, die darüber bescheid wissen. Habe ich nicht die Zeit, zu Messen zu gehen, die ein- bis zweimal im Jahr stattfinden, muß ich die aussuchen, die mir weiterhelfen. Die INTERNORGA - immer im März in Hamburg - ist Deutschlands größte Messe für die Gastronomie. Wenn man etwas Besonderes für seinen Betrieb einkaufen will, dann hat man auch auf der INTER-GASTRA - immer im Februar in Stuttgart - gute Vergleichsmöglichkeiten bei Mobiliar oder Computerprogrammen. Alle Anbieter stehen mit ihren Ständen nebeneinander und man kann sich Angebote geben lassen, die man beim nächsten Stand vergleichen kann. Viele Lieferanten bieten kleinere Hausmessen an, wo ich als Fachkunde gut beraten werde. Die sind oft interessanter als die großen Messen in den Städten.

Es ist schon eine Überlegung wert, ob ich nicht auch durch **Eigenerzeugung**, durch Gemüseanbau oder Tierhaltung, zu meinem Rohmaterial kommen kann statt es zu kaufen. Meine und die Erfahrung der Kollegen zeigt aber, daß der Trend eigentlich in die Gegenrichtung geht. **Man gliedert immer mehr aus dem Betrieb aus.** Fachfirmen können wesentlich günstiger arbeiten, weil sie sich spezialisieren. Wenn ich selber anfange zu züchten - wenn es nicht gerade die Petersilie auf der Fensterbank ist - dann baue ich praktisch eine zweite Firma auf. Nebenbei ist das nicht zu machen, wenn es effektiv sein soll, ich muß es ganz bewußt und professionell tun. Das trifft auf den Gemüseanbau oder auf Kräuter, die ich für die Küche benötige, oder auf irgendeine Sorte Fleisch genauso zu. Große Gaststätten hatten früher ihren eigenen Hausmeister oder Maler, der alles erledigte. Heute werden die Hausmeister entlassen, es gibt Fremdfirmen, die günstiger sind. Die Kostenminimierung ist wieder ein wichtiger Faktor geworden.

Zum Einkauf von Getränken kann man einen Bierlieferungsvertrag abschließen – entweder mit einem Händler oder direkt mit der Brauerei. In dem Vertrag ist der exklusive Ausschank der Brauereiprodukte über einen längeren Zeitraum festgelegt. Diese weitverbreitete Möglichkeit hat Vor- und Nachteile: Man bekommt Bargeld, Einrichtungsgegenstände oder zinslose Darlehen. Damit werde ich geködert, Lieferverträge einzugehen, bei denen ich die vereinbarten Mengen in einem bestimmten Zeitraum abnehmen muß. Wenn ich die nicht einhalten kann, komme ich schnell in Schwierigkeiten. Die Preise der Produkte werden erhöht, ich muß die Gläser bezahlen, die ich bis dahin gestellt bekommen habe oder die Vertragslaufzeiten verlängern sich, um die Umsätze wieder reinzubekommen. Das steht alles im Kleingedruckten. Andererseits, wenn ich weiß, daß ich die Vertragbedingungen erfüllen kann, nutze ich die genannten Vorteile in vollem Umfang. Bei den **alkoholfreien Getränken (AfG),** ist der Service des Lieferanten wichtig; denn es geht um große Mengen und die Kisten sind schwer. In Supermärkten kann man oft günstiger einkaufen als beim Verleger, nur braucht man ein geeignetes Fahrzeug, um seinen Pkw nicht zu überladen. Dazu kommt die Schlepperei. Es ist wirklich harte Arbeit, Cola, Brause oder Selters kastenweise zu transportieren. Bei Bierfässern ist es genauso. Will ich mir die anliefern lassen, ist der Preis auch in den Supermärkten höher, ganz davon abgesehen, daß die meisten gar keinen Lieferservice haben. Der Getränkelieferant läßt sich seinen Service gut bezahlen und das drückt sich in seinem Lieferpreis aus.

Unser AfG-Lieferant kümmert sich um unser Lager. Wir haben mit ihm eine Vereinbarung, daß er die alleinige Verantwortung dafür trägt, daß wir immer genügend Ware zur Verfügung haben. Wir geben ihm unseren Veranstaltungsplan zur Kenntnis und er hat das Lager zu füllen. Wenn die Ware ausläuft, ist er verpflichtet, uns jederzeit sofort zu beliefern. Das ist für uns eine einfache und wirksame Lösung, weil wir uns um diesen Einkauf und Warenbestand nicht mehr kümmern müssen. Natürlich gibt es einen Lieferschein, nach dem kontrolliert wird, ob die Ware auch geliefert wurde. Er bringt auch für große Veranstaltungen Theken, Zapfanlagen und Stühle. Das läßt er sich natürlich bezahlen. Ich muß das alles einrechnen, bevor ich mich von einer anderen Firma beliefern lasse, die vielleicht billiger ist, aber nur die Tür aufmacht, die Kisten reinstellt und wieder verschwindet. Wenn ich die Stunden und den Service rechne, die ich selbst einsetzen muß, ist die Entscheidung oft nicht leicht zu fällen. Ich muß also den Lieferanten ausfindig machen, der zu meiner Betriebssituation paßt. Es gibt viele Kollegen, die selber einkaufen fahren. Sie haben einen kleinen Bus und stellen sich die Kisten selbst ins Auto. Wenn man nicht ganz so viel benötigt, ist das auch in Ordnung. Man darf aber nicht vergessen, welch harte Arbeit das ist, und was man in dieser Zeit Wichtigeres tun könnte.

Gläser bekommt jeder Wirt auch ohne Vertrag geschenkt, manchmal vom durchreisenden Vertreter noch mehr als sein Vertragshändler ihm zugesteht. Man muß es nur geschickt anfangen. Ich kann dem Vertreter sagen, daß ich sein Bier so wenig ausschenke, weil ich keine passenden Gläser habe. Sollte er mir raten, sie für fünfzig Cent das Stück bei ihm zu kaufen, halte ich das für einen unfreundlichen Akt. Ich kann ja anmerken, daß ich sein Premium-Pils dann lieber in einem Allerwelts-Glas ausschenke oder in einem Glas ohne Werbung. Das kann ich überall billig kaufen. Das wollen die Brauereien natürlich nicht und deshalb ist es reine Verhandlungssache, eben geschickt mit dem Vertreter umzugehen.

Die Brauereien liefern gerne ihre Reklame, ob nun mit oder ohne Vertrag. Die Außenbeleuchtung für die Gaststätte ist üblicherweise umsonst. Das bezahlt die Brauerei, weil sie damit ihren Namen ohne Mehrkosten herausstellen kann; denn für sie ist es eine billige Werbung. Für sie ist wiederum der Standort entscheidend und das Image der Gastwirtschaft. Vor einer Bruchbude möchte keiner seinen Werbeschirm aufstellen. Wenn es ein renommiertes Hotel ist, wird jeder sofort bereit sein, seine Werbung dort anzubringen. Als wir vor dem Haus einen Großschirm für unsere Bar aufgestellt haben, bekamen wir von der Brauerei einen Zuschuß. Sie sahen es gerne, daß ihr Logo im Original dort aufgedruckt ist. Da sind sich alle gleich, egal ob es Getränkelieferanten sind oder Zigarettenfirmen. Auch der Schirmhersteller will oft sein Logo an gut sichtbarer Stelle plazieren. Dafür liefert er dann etwas günstiger.

Was ich pro Person für eine Veranstaltung benötige, muß ich beim Einkauf wissen. Und das kommt ganz auf die Veranstaltung an, ob es nun ein Tanzabend ist oder ein Empfang. Sobald getanzt wird,

wird wesentlich mehr getrunken. Die Gäste brauchen einfach mehr Flüssigkeit und die Veranstaltung dauert lange, da kommen schnell zehn Stunden Feierei zusammen. Es gibt auch Veranstaltungen, die als Empfang gestaltet sind, wo eigentlich nur gegessen wird, und das Trinken Nebensache ist. Bei Beerdigungen rechnen wir z.B. als Faustregel für 50 Personen anderthalb Blech Kuchen. Wenn ich solche Meßzahlen nicht kenne, hat das für mich einen Rattenschwanz von Folgen: ich muß das Übriggebliebene einfrieren oder billiger verkaufen. Bei einer Hochzeit weiß ich genau: für eine Person brauche ich 450 Gramm Fleisch; und auf der Fleischplatte darf das letzte Stück auch nicht weggegessen sein. Oder für drei Personen einen halben Blumenkohl auf der Gemüseplatte. Oder 100 Gramm Brokkoli pro Person, ein Achtel Liter Sauce. Auch ist es ein Unterschied, ob man die Fleisch- und Gemüseplatten wieder nachfüllt oder vorlegt. Dabei geht der Service von Gast zu Gast und fragt: „Darf ich Ihnen noch etwas vorlegen?" Das spart zwar reichlich Ware, ist aber personalintensiv. Ich muß mir ausrechnen, was günstiger und welche Form für die Gäste angenehmer ist. Wir haben uns für das Nachfüllen entschieden, weil es besser zu uns paßt. Das Vorlegen wird hier oft verurteilt; es heißt, das Essen werde zugeteilt. In anderen Betrieben ist das Vorlegen üblich.

Beim Einkauf für den Service läßt sich auch eine Menge sparen. Ich muß mich mit meinem Lieferanten beraten und Informationen einholen. Anhand des Auftragsbuchs ist ablesbar, was ich an Servietten, Tischtüchern, Papiertischtüchern, Kerzen und Dekorationssachen brauche. Hochzeiten nehmen meist die Farbe Bordeaux, Tischbänder und Kerzen, dazu brauche ich für 200 Leute Servietten, d.h. etwa 10% mehr. Zu Ostern brauche ich Servietten mit Osterhasen und Mitteldecken. Haben sich für den ersten Ostertag 250 Leute angemeldet, brauche ich diesen Vorrat; bei zwei Osterfeiertagen also die doppelte Menge. Dann sind da die großen Hochzeiten, die großen Feiertage, über die wir aus den letzten Jahren Erfahrungswerte haben, genauso wie für die normalen Restaurantsachen oder Konfirmationen. Bei Konfirmationen sind es so sechs, sieben Feiern mal 30 Leute. Da brauche ich Servietten mit Kerzen drauf, in Weiß und am besten ist es, wenn noch eine Bibel auf der Serviette ist. So ordere ich einmal im Jahr anhand meines Auftragsbuchs. Ich würde nie große Mengen Servicematerial vorbestellen und mir zehntausend Servietten nur wegen des Rabatts hinlegen. Denn ich muß sie lagern und irgendwann wird man sie auch leid. Auch für die Kunden soll es nicht immer dasselbe sein, denn das ist auf die Dauer langweilig. Man sollte mit den Jahreszeiten gehen. Ich finde es toll, wenn man in der Deko auch Abwechslung bieten kann.

In der richtigen Auswahl steckt viel Geld – besonders bei Servietten und Tischdecken, die ich häufig brauche. Zunächst einmal muß man sich entscheiden: Will ich Stoff- oder Papierservietten? Ich habe mich wegen des Ambientes meines Betriebes und wegen der Kosten für Papier entschieden. Ich bin oft verwundert, welche **Qualitätsabstufungen** für dieses einfache Produkt existieren. Es gibt Papiersorten, bei denen man den Unterschied zur Stoffserviette gar nicht mehr erkennen kann. Brauche ich dünne oder dicke, uni oder farbige Servietten? Welche ist für den gedachten Zweck richtig? Für das Frühstück oder für Beerdigungsfeiern reichen die kleineren, da brauche ich keine großen. Nehme ich sehr dünne, qualitativ gute Servietten, spare ich Abfall. Sie sehen genauso aus wie die dickeren, haben den gleichen Effekt und sind auch noch wesentlich preiswerter. Was ich wähle, muß ich auch **in Relation zum Umsatz** setzen. Zum Frühstück reichen weiße Servietten, zweilagig, Achtelfalz, ein Standardmaß. Die bessere Qualität ist dreilagig und fester, kostet mehr, ist aber zu diesem Zweck gar nicht nötig. Eine gute Serviette kostet zwischen 10 und 20 Cent. Der Händler versucht natürlich immer, mir die bessere Qualität zu verkaufen, weil seine Spanne da sicherlich größer ist. Auch hier ist wieder die Menge entscheidend. Der Preisvorteil ist nicht zu unterschätzen. Natürlich kann man auch für Servicematerial ausmachen, nach Bedarf abzurufen und zu bezahlen.

Es gibt **Tischtücher**, die sehen aus wie Baumwolltücher, und sind doch abwischbar. Man kann sie von reinem Stoff kaum unterscheiden. Sie sind optisch hervorragend und fühlen sich auch angenehm an. Das Abwischen ist eine große Arbeitsersparnis gegenüber dem üblichen Waschen von Stoffdecken, natürlich auch eine Rationalisierung für den Service und die Kosten. Solche Tücher sind teuer, rechnen sich aber. Wir haben ältere Tische und müssen mit Tischdecken arbeiten. Das einfachste ist natürlich, wenn man im Restaurant neue Tische mit einer schönen Oberfläche hat, dann braucht man gar keine Tischdecke wie in Szenelokalen zu beobachten ist. Da kommt eine Mitteldecke 80x80 in die Mitte, und es wird kaum noch etwas schmutzig.

Die Kosten für die Mangel sind ja erheblich. Im **Hotelbereich** haben wir beschlossen, Bettwäsche zu nehmen, die nicht gemangelt werden muß wie Seersucker und Spannbettücher. Wir brauchen die Mangel nicht mehr zu bezahlen, nur noch waschen, aufhängen, zusammenlegen, fertig. Dadurch haben wir auch weniger Personalkosten. Es trocknet schnell, weil es dünn ist. Spannbettlaken brauchen wir auch nicht mehr zu bügeln und zu mangeln. Sie werden einmal durchgewaschen und fertig. Unser Mangelkollege hat das schon gemerkt. Sonst haben wir acht Körbe Bettwäsche gehabt und Tischwäsche, heute sind es zwei, und das nach Hochzeiten, die weiterhin mit weißen Tischtüchern ausgestattet werden wollen. Die kleinen Schokoladenriegel, die Betthupferl, die man auf die Kopfkissen legt, kaufen wir nur in kleinen Mengen ein. Wir können uns nicht viel davon hinzulegen: Das Personal mag die nämlich auch ganz gerne.

Reinigungsmittel kosten viel Geld; denn ich muß für jeden Zweck das richtige Mittel haben. Bei der Dosierung hält man sich am besten an die Vorschrift des Herstellers. Notfalls kann ich mir eine eigene, besser geeignete Dosierung zusammenstellen. Die muß dann aber auch durchdacht sein, ich darf nicht einfach nur kippen. Es gibt spezielle, gut funktionierende Reiniger zum Fett- und Krustenentfernen.

Doch sollte ich nicht mit einem Fettentferner einen Grill reinigen wollen. Das bringt nichts und ist das falsche Mittel am falschen Ort und damit zu teuer. Es hat sich bewährt, eine kurze Beschreibung auszulegen, weil kein Mensch die Anweisung auf den Kanistern liest. Unsere Meetings sind die beste Gelegenheit, um Wissen über den Umgang mit Reinigern zu vermitteln. Kurze Einweisungen und Demonstrationen, öfter und regelmäßig, bringen etwas, weil sie auch jeder versteht. Wir sprechen ja täglich kurz vor und nach der Arbeit miteinander. Dabei brauchen nicht alle anwesend zu sein, weil Wichtiges weitererzählt wird.

Als Gaststätte brauchen wir reichlich Energie. Für den **Energieeinkauf**, z.B. für Heizöl, schlagen uns die Händler vor, Gemeinschaften zu bilden; denn auch hier wird es billiger, wenn man große Mengen abnimmt. Wenn das Heizöl wieder einmal im Preis anzieht, können wir gemeinsam ein paar Cent pro Liter günstiger einkaufen, wenn da ein paar Abnehmer dazukommen. Bei Strom lohnt sich auf jeden Fall ein Gespräch mit seinem Versorger über die verschiedenen Tarife und Preise.

Ware in **Kommission** zu nehmen, kommt als Einkaufsmöglichkeit in Frage, wenn ein Lieferant ein neues Produkt einführen möchte und ich es versuchsweise, z.B. übers Wochenende, anbieten will. Mir ist in einem solchen Fall das Risiko zu groß, daß die Ware nicht ankommt und ich auf meinem Einkauf sitzen bleibe. Von einer neuen Spirituose würde ich mir keine zehn Kartons in den Keller stellen. Wenn ich sie aber anbiete und die Gäste nehmen sie an, dann muß ich auch genug im Keller haben, sonst ist das kein Renommee für das Produkt und für mich. In einem solchen Fall bieten mir die Lieferanten gerne Kommissionsware an. Wenn es nicht funktioniert, nehmen sie die Ware anstandslos wieder zurück.

3. Vertreter - Psychologische Kriegsführung

Täglich kommen Außendienstmitarbeiter von Firmen ins Haus. Sie sind Profis, man hat sie geschult, und sie wissen, was sie verkaufen wollen, und können das auch.

An einem beliebigen Tag besucht mich zu einer ruhigen Stunde ein Vertreter. Er hat ein Angebot über Servietten, die mit Werbung bedruckt sind; die braucht jeder Gastwirt. Ich setze mich also hin und höre mir das gerne an, denn es könnte ja etwas Günstiges dabei sein. Schließlich macht er mir ein Superangebot über eine qualitativ hochwertige Ware mit Aufdruck und allem Drum und Dran, allerdings soll ich dafür auch viel investieren. Er hat mir die Vorteile durchaus plausibel erklärt und alles hört sich gut an. „Wer das nicht kauft, betrügt sich selber", geht mir durch den Kopf, ich lasse mir das Bestellformular geben und unterschreibe.

So habe ich das am Anfang häufig gemacht. Ich wollte das Produkt haben und konnte es auch gebrauchen. Nur als die Rechnung kam, war ich oft überrascht, daß ich soviel Geld für eine Sache ausgegeben hatte, die eigentlich nicht so unbedingt nötig gewesen war. Seitdem habe ich mir folgendes zum Prinzip gemacht: **Ich erlaube mir 24 Stunden Bedenkzeit.** Das sage ich auch gleich jedem, der kommt: ich unterschreibe nichts und kaufe jetzt auch nichts. Ich behalte mir eine 24-Stunden-Frist für meine Entscheidung vor und melde mich ggf. wieder bei ihm. Er soll mich auch nach den 24 Stunden nicht wieder besuchen, denn dann habe ich das gleiche Problem. Ich rufe ihn an oder er läßt mir ein Formular da, das ich unterschreiben kann und ihm zurücksende. Nach 24 Stunden sieht für mich die Sache manchmal schon ganz anders aus. Ich kann die Argumente in Ruhe abwägen und mir die Vor- und Nachteile selber noch einmal klarmachen. Wenn ich dann unbeeinflußt zu der Entscheidung komme, die Ware ist gut, ich brauche sie, dann kann ich getrost unterschreiben und bestellen.

Dafür haben die wenigsten Vertreter Verständnis. Sie sind darauf getrimmt, das Gespräch so zu führen, daß sie zum Schluß meine Unterschrift bekommen. Wer genau weiß, daß ein Abschluß nur auf seiner Beredsamkeit beruht, wird es nicht zulassen, daß ich darüber nachdenke, sondern ganz hartnäckig sein Produkt hier und jetzt verkaufen wollen. Er argumentiert dann, er sei nur einmal in dieser Gegend, der Vertrag müßte persönlich abgeschlossen werden oder das Produkt sei morgen möglicherweise schon ausverkauft. Alles durchsichtige Formeln, die sogar verärgern. Ein solider Vertreter mit einer guten Ware macht das nicht.

Es gibt diesen Druckverkauf häufiger. Gerade in der **Annoncen-Werbung** wird es viel gemacht. Ein Vertreter wollte mich zum Annoncieren in anderen Regionen oder in besonderen Fachblättern gewinnen. Er hat z.B. eine ausgefallene Werbung im Bereich Berlin und redet mir die schönsten Sachen vor. Werbung kostet immer Geld; er aber rechnet mir einen Gewinn vor, den ich durch seine Inserate erzielen soll. Das Kleingedruckte liest er nicht mit vor, die Anzeige ist tatsächlich recht günstig. Wird jetzt unterschrieben, erscheint die Anzeige irgendwo, man sieht nichts davon und bekommt die Rechnung. Sie ist um ein Vielfaches höher als man gedacht hat, weil der ausgehandelte Preis nur der Millimeterpreis war oder der für eine Spalte. In einem Fall war es auch noch eine Wiederholungsanzeige, die alle Jahre wieder veröffentlicht werden sollte und ohne Widerrufsrecht automatisch weiterlief.

Ein anderer Vertreter will mir eine **Anzeige auf einem Stadtplan** verkaufen. Der soll in unserer Nachbarstadt ausgehängt werden. Er verspricht mir die schönste Fläche. Die ist gerade noch frei, ich müßte aber jetzt zugreifen. Als ich ihm sage, daß mir das zu teuer ist und ich das nicht möchte, macht er die Anzeige um die Hälfte billiger. Für mich kommt das eigentlich nicht in Frage, mir gefällt weder die Aufmachung dieser Karte noch die des Vertreters. Ich sage ihm also abschließend, daß ich eigentlich nicht mitmachen möchte. Wenn überhaupt, so würde ich mir das überlegen und ihm morgen Bescheid geben. Da beginnt er, mich zu beschimpfen, weil ich seine Zeit in Anspruch genommen hätte. Als ich ihn an meine 24-Stunden-Frist erinnere, die ich ihm gleich zu Beginn des Gesprächs genannt hatte, wird er noch wilder und verläßt schimpfend das Lokal. Im Nachhinein war ich heilfroh, daß ich nichts unterschrieben hatte, denn diese Stadtpläne wurden zwar mit der Werbung erstellt, es gab aber schnell ein zweite Auflage mit einer anderen Werbeleiste. Sie hatten so gut verkauft, daß sie den Raum zweimal besetzen konnten. Auch hier stand das Wichtige wieder im Kleingedruckten.

Warum ich mich trotz aller dieser Erfahrungen noch mit Vertretern einlasse, kommt daher, daß ich von ihnen eine Menge Information bekomme und daß es natürlich auch gute Produkte gibt, die man an-

geboten bekommt. Wenn man häufiger mit einer Firma zusammen-
arbeitet, ist der Vertreterbesuch auch angenehm. Er erzählt die neuesten Entwicklungen, berät informativ und will mir nicht unbedingt
Produkte aufnötigen, sondern eher anbieten. Meist steht die Beratung
im Vordergrund. Ansonsten kommen Angebote meist schriftlich oder
über das Telefon. Der **Telefonverkauf** funktioniert aber erst, wenn
der Vertreter zum Kunden einen Kontakt geschaffen hat. Wenn der
besteht, wird hauptsächlich Telefonverkauf eingesetzt.

Auch da muß man höllisch aufpassen. Ich erhielt einen Anruf von
der Polizeigewerkschaft. Das hörte sich gleich vertrauenserweckend
an. Das Angebot: „Wir bringen eine Informationsbroschüre für alle
Polizisten, Mitarbeiter und Interessierte heraus und da hätten wir
gerne ihre Anzeige." „Das ist ja interessant! Wie kommen Sie auf
mich?" „Sie bekommen von uns einen Aufkleber für Ihr Auto. Damit
können Sie sicher sein, daß Sie immer Vorteile von der Polizei haben. Das wollten wir nur noch erwähnen." Im Nachhinein stellt man
fest, daß es zwischen der Polizei und der Veröffentlichung gar keinen Bezug gibt. Es handelt sich lediglich um eine Zeitschrift, die sich
so nennt. Dahinter steckt ein Verleger, der mit dieser Masche An-
noncen verkauft.

Es kommen Vertreter für Möbel, Küchenzubehör, Automaten,
Schankanlagenreinigung. Jeder versucht, neue Kunden zu gewinnen,
ob für Zigarettenautomaten oder Kreditkartenterminals. Die Beratung fängt ja auch ganz friedlich an. Sie wollen in kurzer Zeit Ver-
trauen aufbauen und stellen - um ins Gespräch zu kommen - erst einmal die ganze Struktur ihrer Firma dar. Zwischendurch kommt
immer der Satz: "Sie haben aber ein schönes Restaurant!" oder "Es
ist sehr angenehm bei Ihnen!" **Man soll eingewickelt werden** und
wenn man ein paar solcher Besuche erlebt hat, erkennt man das sofort, denn es ist zu offensichtlich.

Wenn man genau hinhört, was da so gesagt wird, kann man sich mit Überlegung wehren. Als erstes wenn die Tür aufgeht: "Sie haben es aber schön hier!" dann "Sie haben aber einen großen Betrieb. Donnerwetter, hier ist ja was los!" und schließlich etwas Spezielles: "Oh, die Dekoration da oben, die gefällt mir aber sehr gut. Wie sind Sie auf diese Idee gekommen? Das ist ja kreativ!" Als das einer zu unserem verstaubten Pflanzenschmuck sagte, den wir schon lange abbauen wollten, aber nie dazu gekommen waren, wußte ich schließlich: „Nur leeres Gerede!" Gleichzeitig wurde mir klar, daß man sich nur schwer dagegen wehren kann, wenn einer etwas Positives über einen sagt, selbst wenn er mich auf den Arm nimmt. Es wirkt immer; denn es schmeichelt und nimmt rein gefühlsmäßig für den Sprecher ein. Und so wird es von Minute zu Minute schwerer, ihn zu enttäuschen, denn es ist so etwas wie Sympathie zwischen uns entstanden, und ich komme mir fast schäbig vor, wenn ich ihm nichts abkaufe. Aber die Erkenntnis, daß hier mit meinen Emotion gespielt wird, macht mich **langsam immun gegen solche Einflüsterungen.**

4. Abgabepreise - Kalkulieren und nicht wuchern

In der Berufsschule habe ich gelernt, ganz stur nach Prozenten vor-
zugehen, wenn ich den Abgabepreis meiner Produkte zu ermitteln
habe. Bei einer Spirituose, so habe ich gelernt, rechnet man zum Materialeinsatz - z.B. fünf Euro für eine Flasche Korn - den persönlichen Aufschlag hinzu und bekommt heraus, daß das Glas Schnaps 75
Cent kosten muß. Wenn meine Spirituose 15 Euro im Einkauf kostet,
muß ich auch das Dreifache für ein Glas rechnen, und bekomme als
Preis 2,25 Euro heraus. In der Realität ist der Preis dann aber so
hoch, daß ich das nicht mehr anbieten kann, **weil die Gäste auch
rechnen können** und nicht mehr mitmachen. Diese Kalkulation ist in
der Realität also nicht anwendbar. Beim einfachen Korn habe ich pro
Glas fünfzig Cent. Wenn ich beim teureren Schnaps auch nur mit
fünfzig Cent zufrieden bin, könnte ich das Glas schon für 1,25 € verkaufen. Es gibt aber noch andere Faktoren, die ich berücksichtigen
muß: Meine Preise müssen meinem Publikum „angenehm" sein, man
darf nicht wuchern.

Wie empfindlich das Publikum reagiert, sieht man an der Diskussion
über den „Teuro". Hier waren wir Gastwirte plötzlich in Verruf gekommen, weil wir bei der Umstellung angeblich kräftig aufgeschlagen hätten. Da half nur Aufklärung: Was kostete unser Angebot vorher, was jetzt?

Was man für ein Getränk nehmen kann, ist auch von der Region und
vom **Ambiente** abhängig. In einem Offenbacher Hotel stand zur Be-
grüßung eine Flasche Mineralwasser (0,3 l) auf dem Zimmer. Davor
eine Karte: „Herzlich willkommen. Diese Flasche kostet 4,25 Euro."
Bei dieser aus der Werbung bekannten Premiummarke war sicherlich
schon eine Kalkulation vorgegeben, ob sie mir nun paßte oder nicht.
Im einem Luxus-Hotel zahlt man eben auch für das feine Wasser
viel. Ich habe die Flasche nicht angerührt. In unserer Gegend kostet

ein klarer Korn 0,75 €. Wenn ich in andere Regionen fahre, zahle ich 3,50 Euro dafür; denn dort ist eben das normal. Die Spanne muß jeder selbst ausreizen, denn man darf zwar bis an die Grenze gehen, aber nicht darüber hinaus. Geht es nicht, muß ich mich sofort an die Lage anpassen. Aber mit dem Preis wieder runterzugehen, ist immer schlecht. Ein weiteres wichtiges Kriterium ist daher, was die anderen Wirte in der Gegend nehmen. Wenn ich genau das gleiche anbiete, kann ich nicht mehr nehmen. **Biete ich einen speziellen Service**, z.B. eisgekühlte, stilechte Gläser, kann ich meinen Preis ganz anders gestalten.

In unserer gesamten Kalkulation rechnen wir mit einem **Aufschlag** von mindestens 150 Prozent. Für das Finanzamt ist die Norm sogar 150 bis 250 Prozent. Das halten sie bei einem ländlichen Gaststättenbetrieb für normal. In der Stadt z.B. liegt der Satz höher. Andererseits rechnet man bei einer Dorfkneipe mit weniger. Das Finanzamt will mit seiner Festlegung sicherstellen, daß keine nicht registrierten Einnahmen gemacht werden können. Sie sagen sich, aus 5.000 Euro Wareneinsatz muß 12.500 Euro Erlös erwirtschaftet werden, sonst stimmt da etwas nicht. Es gibt **Richtlinien für die Kalkulation**, die man beim Steuerberater erfragen kann. Ob man selber damit rechnen kann, ist wieder eine andere Frage. Gegenüber dem Finanzamt ist zu begründen, warum man die Spannen nicht erreicht oder darüber liegt.

Kaufhäuser machen manchmal **Lockangebote** unter dem Einstandspreis, um Kunden ins Haus zu bekommen. In der Gastronomie ist das genauso. Werbe ich mit einem solchen Angebot und die Gäste nehmen es an, habe ich zwar an diesem Produkt nichts gewonnen, ich verdiene aber durch andere Dinge mein Geld. Ich habe die Normalkalkulation außer Kraft gesetzt und mache eine **Mischkalkulation**. Dabei gibt es Dinge, die ich billig verkaufe, und solche, an denen ich gut verdiene. Das Verhältnis muß aber stimmen und ich darf nicht übertreiben. Wenn jemand etwas ganz Besonderes trinken möchte und den Wirt nach einen ausgefallenen Whisky fragt, dann meint er, ihm einen Gefallen zu tun, wenn er ihm vielleicht ein Glas Oban Single Malt Whisky für fünf Euro anbietet. Das aber ist ein Fehler. Ich kann nicht für den einfachen Korn 75 Cent nehmen und für etwas Ausgefallenes fünf Euro. Das steht in keiner **Relation zum normalen Preisgefüge in meiner Gaststätte**. Andererseits - wenn ein Gast im Hotel an der Bar sitzt, erwartet er etwas Besonderes und ist auch bereit, dafür zu zahlen. Wenn ich den Whisky für 2,25 Euro verkaufe, habe ich immer noch reichlich daran verdient. Bei Markenprodukten wie Cognac oder Champagner, wissen alle genau, daß sie recht teuer sind. Wenn sie den bei mir für 2,25 € trinken können, dann tun sie es auch und ich mache Umsatz. Aber für fünf Euro - da kaufen sie sich morgen lieber eine Flasche im Großmarkt. Mit 2,50 € - wenn ich meine 32 Schnäpse aus der Flasche herausbekomme - habe ich bei einem Wareneinsatz von 20 Euro 80 Euro umgesetzt.

Den **Zimmerpreis** in unserem Hotel können wir nicht einfach nach Gutdünken festsetzen. Man muß die Reinigungskosten, die Abnutzung der Bettwäsche, die laufenden Kosten, wie Heizung, Strom und Wasser einrechnen, die Investitionen in Möbel, Gardinen und Teppiche müssen sich auch rentieren. Ich muß es aber auch mit den Preisen der Gastwirte in der Gegend abgleichen. Wir haben unsere Zimmer neu gestaltet. Da haben wir unseren persönlichen Stil mit eingebracht. Unsere Zimmer sind gemütlich, aufgelockert durch farbige Tapeten und Stoffe. Die Zimmer sollten nicht so steife Hotelzimmer sein, wie man sie überall findet - alles um das Bett herumgestellt. Dabei haben wir darauf geachtet, daß die Möbel durch Rollen unter den Betten verstellbar sind, daß der Nachtschrank nicht fest installiert ist. Man kann die Betten ohne Probleme auseinanderschieben und besser darunter saubermachen. Ich wollte ein gehobenes Niveau und die Zimmer sind sehr schön geworden. Unsere Gäste, meist Gruppen an Wochenenden oder Monteure in der Woche, wollen es ruhig haben. Wegen der Bundesstraße sind das natürlich die Zimmer nach hinten raus. Das teuerste Arrangement für uns ist „eine Person, eine Übernachtung". Günstig sind zwei Personen im Doppelzimmer über vier Tage. Danach ist wieder eine Grundreinigung mit Wäschewechsel nötig. Dann könnten auch neue Gäste einziehen. Die Kosten wären für uns gleich.

Die Teuerungsraten sagen uns eindringlich, daß die Preise ständig in die Höhe gehen. Nur am Anfang der achtziger Jahre ging der Preisindex ein paar Monate lang einmal nach unten. Der Benzinpreis schwankt in aller Öffentlichkeit und geht doch ständig nach oben. **Der Gastwirt muß auch seine Preise ständig anpassen**. Nur wird sein Publikum das nicht ohne weiteres mitmachen, wenn er zu lange an seinen alten Preisen festgehalten hat. Preise lassen sich fast unmerklich erhöhen, wenn man neue Gerichte erfindet oder alte umbenennt. Es gibt dann eben nicht mehr das Jägerschnitzel (mit seinem gewohnten Preis) sondern eine Waidmannsplatte (mit dem angepaßten Preis). Allzu durchsichtig sollte das Manöver allerdings nicht sein. Als bei einem Kaffeeröster das Pfund Kaffee nicht mehr 500 Gramm wog, aber den bisherigen Preis beibehalten wurde, mußten sie mit viel Werbeaufwand zurückrudern („Ihr Pfund ist wieder da!"), weil die Käufer das nicht mitmachten. In der Gastronomie haben sich ja auch die Gebindegrößen verändert, die Gläser haben heute 0,3 und 0,4, während früher ein halber Liter oder ein Viertele üblich waren. Und die Preise?

Die Kalkulation muß recht einfach gehalten werden. Wenn man im Auge behält, daß sich das Betriebsergebnis aus dem Umsatz abzüglich Wareneinsatz und Kosten ergibt, kann man die wichtigsten Faktoren miteinander ins Verhältnis setzen. Und das heißt Umsatz hoch, Wareneinsatz und Kosten niedrig. Die Gewinnschwelle ist erreicht, wenn die Summe der beiden letzteren unter der des Umsatzes bleibt. So einfach ist das. Versucht man es rechnerisch, wird man bald verwirrt, denn Rohgewinn, Fehlmengen, Abgaben o.B., Betriebsergebnis 1 und 2 u.ä. sind zu ermitteln und je nach Produkt oder Produktgruppe einzukalkulieren. Die Ergebnisse täuschen manchmal nur Genauigkeit vor und helfen mir nicht bei der Preisgestaltung. Ganz davon abgesehen, daß ich viel Zeit brauche, das zu ermitteln.

Bei der Kalkulation muß jeder für sich herausfinden, was zu seinem Betrieb paßt. Er muß nach jeweils vier Wochen, oder wann er seine Kasse gemacht hat, prüfen, ob er auch auf seinen **Schnitt** gekommen ist, und sofort reagieren, wenn das nicht der Fall ist. Er kann seine Preise nicht willkürlich festlegen und es so weiterlaufen lassen, wenn er merkt, daß etwas nicht stimmt. Wenn er seine Rechnungen nicht mehr bezahlen kann, wenn der Umsatz nicht einmal mehr den Wareneinsatz enthält, dann hat er sich zu Tode verdient, denn er macht keinen Gewinn. Da muß er sehr aufpassen; denn **Umsatz ist nicht Gewinn**! Es gibt viele Unternehmen, die noch gar nicht wissen, daß sie nichts verdienen, weil sie gute Umsätze machen, die in Wirklichkeit zur Pleite führen. Wie oft man seine Preise kalkulieren soll? Ich mache es monatlich.

5. Kosten - Immer wieder zurückschneiden

Der Zusammenhang zwischen Umsatz, Wareneinsatz, Kosten und Gewinn ist wohl jedem deutlich. Will man mehr Gewinn, muß man v.a. mit den Kosten runter. Meist beachtet man die Fixkosten zu wenig; sie kommen unauffällig jeden Monat wieder und man überprüft sie gar nicht mehr. Immer hat man die Lohnkosten vor Augen und die Steuern, die sich je nach Umsatz verändern. **Ich sehe mir die laufenden Kosten häufig an**; ich will wissen, ob das alles so in Ordnung ist. Das fängt bei Versicherungen an, die ich mir mit der Zeit ins Haus geholt habe, und hört bei den monatlich gleichen Kosten für Abfallverwertung, Kfz, Strom und Wasser nicht auf, denn alle machen die schleichenden Kosten aus, die ich bekämpfen muß. Heute sind Wasser und Abwasser die wichtigsten Kostenverursacher. Immer wenn ich mir da einen Augenblick Zeit nehme und die Angaben überprüfe, erkenne ich ziemlich schnell, wo ich Kosten einsparen kann.

So ist es auch mit **Versicherungen.** Es gibt Versicherungsmakler oder -berater, die mir eine Analyse dieser Kosten abnehmen. Natürlich wollen sie mir noch eine Versicherung verkaufen, aber trotzdem checken sie meine Versicherungen durch, und sie verstehen etwas von ihrem Geschäft. Ich rufe solche Firmen an, lasse jemanden kommen, breite alle Akten vor ihm aus und er schaut sie genau durch. Bei mir haben sie herausgefunden, daß ich doppelt versichert war. Ich hatte eine persönliche Haftpflichtversicherung, andererseits war in der Betriebshaftpflicht meine private mit eingeschlossen. Und das bei der gleichen Versicherung. Dann stellten sie fest, daß der Einheitswert falsch festgeschrieben war, zwar nur ein Schreibfehler, aber deshalb waren wir in einen höheren Tarif gekommen.

Die Tarife haben sich in den letzten Jahren immer wieder geändert. Die Konkurrenz schläft auch bei denen nicht. Jetzt kam also die

Konkurrenz und hat mir ein Angebot gemacht: **Die gleichen Versicherungsleistungen um 70% günstiger** und dabei ging es um fünfstellige Summen. Da ich aber mit meiner Versicherung zufrieden war, habe ich bei denen einmal auf den Busch geklopft: "Mir liegt ein Angebot vor, das um 90% günstiger ist als ihr." Es hat keinen Tag gedauert, da war der Bezirksvertreter in der Tür und sagte gleich: "Das können wir auch!" "Wie kann das angehen?" habe ich gefragt. "Dann habe ich all die Jahre viel zu viel bezahlt!" "Nein, nein, die wirtschaftliche Lage hat sich geändert. Jetzt kann günstiger versichert werden. Die Schäden sind nicht mehr so hoch." Ich habe die Versicherung tatsächlich 90% günstiger bekommen. Ab und an muß man sich eben informieren. Das gleiche passierte mit der Inventarversicherung, der Betriebshaftpflicht, überall gab es jetzt plötzlich Preissenkungen. Und das bei den Summen! Diese Aktion hat richtig Geld gebracht.

Mit Versicherungen decke ich nur die richtigen Gefahren ab.
Man kann sich auch überversichern, jeden, jedes und alles. Aber einige Versicherungen muß ich auf jeden Fall haben: Gebäudeversicherung gegen Brand, Leitungswasser, Sturm, Hagel. Was ich aber als besonders wichtig ansehe, ist die Betriebshaftpflicht; denn wenn bei einem Gast durch unser Verschulden ein Schaden eintritt, sind das gleich Unsummen, die einen in den Ruin treiben können. Wenn ich selber nicht arbeiten kann und muß den Betrieb schließen, übernimmt die Arbeitsunfähigkeitsversicherung alle Kosten, z.B. die Löhne bei Festangestellten oder die Fixkosten. Diese Versicherung gilt selbständigen Gastwirten als ein Muß; denn das Einkommen geht sofort auf Null, während die Kosten weiterlaufen. Das kann ein Betrieb nicht lange durchhalten. Sie gilt nicht nur für Personen, sondern auch auf den Betrieb selbst. Wenn es eine Störung durch Brand oder durch einen Krankheitserreger wie Salmonellen gibt, und der Betrieb geschlossen werden muß, zahlt die Versicherung. Wegen der geringen Beiträge ist das erschwinglich; denn solche Katastrophen kommen sehr selten vor.

Mein nächster Anruf galt meiner **Bank**. Der Dispokredit kostet mich dort 11,2% und das halte ich für zu hoch. Ich hatte natürlich vorher bei anderen Banken Informationen eingeholt mit dem Ergebnis, daß es 0,5% günstigere Dispo-Darlehn gab. Das hört sich wenig an, aber auf Dauer ist das richtig viel Geld. Und einmal zu telefonieren, ist keine Arbeit. Auch hier hatte ich den gewünschten Erfolg.

Über die Kostenoptimierung beim Bezug von elektrischem **Strom** ist schwerer zu verhandeln. Nachdem der Strommarkt aber liberalisiert wurde, ist es etwas einfacher geworden. Durch ständige Vergleiche habe festgestellt, daß mein örtlicher Anbieter eigentlich nicht viel teurer als die neuen Anbieter ist. Die Preise werden immer wieder umgeschichtet. Das Angebot der freien Gesellschaften hält nie lange, so daß der Günstigste eine Woche später schon der Teuerste sein kann. Da ich wegen meines hohen Verbrauchs als Sonderkunde behandelt werde, kann ich mir den Tarif aussuchen. Das ist ein Vorteil gegenüber Privatkunden, für die feststehende Tarife gelten. In meinen Sonderverträgen gibt es Nachttarife oder Variotarife. Die Energieunternehmen haben spezialisierte Mitarbeiter, die auch wirklich gut beraten und uns Kunden alle Vorteile nennen. Aber als ich in diesen Tarifdschungel keine Transparenz bekam und der Preiskampf für mich zum Scheingefecht wurde, bin ich - obwohl ich auch ein gutes Angebot aus Bayern hatte - bei meinem örtlichen Anbieter geblieben, und bin gut dabei gefahren.

In der Gastronomie benötigen wir den meisten Strom zu Spitzenzeiten; mittags von 12 bis 14 Uhr und abends zwischen 18 und 22 Uhr. Die Kühlanlagen verbrauchen mehr, weil die Türen auf und zu gehen, die Herde brauchen Strom, die Friteusen, die Warmhaltegeräte, die Beleuchtung - alles ist auf diese Zeitpunkte konzentriert. Das bestrafen die Stromfirmen mit höheren Gebühren. Jedes Kilowatt, das mehr verbraucht wird, muß extra bezahlt werden, weil man eine Spitzenleistung abfordert, die man den ganzen Tag nicht weiter braucht. Und gerade zu diesen Zeiten ist das Netz überlastet. Die

Stromlieferanten bauen mir einen eigenen Zähler ein und ab einer bestimmten Menge kassieren sie Sondergebühren. Darum komme ich nicht herum, da kann ich tun, was ich will.

Den Strompreis kann ich nicht senken, aber die Extragebühren für die Spitzenzeiten. Man kann sich Geräte einbauen lassen, die das regeln. Wenn z.B. 30 KW überschritten werden, schalten sich die Kühlräume oder die Waschmaschine ab. Das sind Verbraucher, die in diesen Zeiten nicht so wichtig sind. Die Geräte sind aber teuer und wenn ich nicht waschen kann, ist der Betriebsablauf unterbrochen; denn die Wäsche muß bis zu einem bestimmten Zeitpunkt gewaschen sein. Die Kühlanlagen unterliegen einer großen Belastung; denn es werden Waren entnommen und zurückgelegt, und die Temperatur geht schnell in die Höhe. In Spitzenzeiten muß der Motor laufen. Wenn er aufhört, steigt die Temperatur bis zum Nullpunkt und damit tut man der Ware sicher keinen Gefallen. Da bewege ich mich also auf einen schmalen Grad.

Mit etwas Phantasie können auch ganz andere Geräte abgeschaltet oder verändert werden. Ich muß darüber mit dem Energieversorger reden; denn sie sind angehalten, mich beim Stromsparen zu beraten. Bei Waschmaschinen kann man schon Strom durch Gas ersetzen. Da der meiste Strom beim Aufheizen des Wassers verbraucht wird und nicht durch die Trommel, kann ich das Wasser durch Gas vorwärmen. Es müssen aber spezielle Maschinen sein, die warmes Wasser aufnehmen dürfen. Das spart sehr viel Strom. Auch haben wir überlegt, ob wir die Waschmaschine erst abends ab 21 Uhr anstellen sollten, für diese Stromeinsparung hätten wir aber den Personalaufwand gegenrechnen müssen, und so haben wir es gelassen.

Manch günstiges Angebot sollte man genau prüfen, ehe man sich darauf einläßt. Der Deutsche Hotel- und Gaststättenverband, zu dem ich gehöre, hatte einen günstigen Anbieter für uns herausgefunden, an dessen Vertrag sich alle beteiligen sollten. Aber da gab es eine

Grundgebühr und noch ein paar Haken, die mich sofort störten. Ich habe nicht mitgemacht, weil ich nicht eingesehen habe, daß ich für die Vermittlung eine Gebühr bezahlen sollte. Das Ende vom Lied war, daß mein örtlicher Anbieter nach drei Monaten wesentlich günstigere Preise anbot und der Verband dem Anbieter wieder kündigte. Die Provision war natürlich weg, die Grundgebühren auch und als sie bei dem Örtlichen einen Nachlaß von zehn Prozent aushandelten, habe ich den auch bekommen. Meine Nase hatte mich nicht getrogen. Ich hatte nicht die Kosten für dieses Experiment zu tragen, bekam aber die Vergünstigung durch den Verband. So lohnt sich die Beitragszahlung wenigstens.

Der Deutsche Hotel- und Gaststättenverband (**DEHOGA**) tritt für die Rechte der Gastwirte ein, gibt auch ein bißchen Rechtsschutz und Rechtshinweise und kostet gestaffelt je nach Umsatz und Land bis zu 225 Euro. Beiträge muß ich auch an die Industrie- und Handelskammer (**IHK**) auf der Bemessungsgrundlage des Gewerbeertrags zahlen; in der bin ich Pflichtmitglied und die Beiträge sind hoch. Genauso verhält es sich mit der Berufsgenossenschaft (**BG**), in der ich sein muß, wenn ich Mitarbeiter beschäftige. Das sind Kosten, die man ungern zahlt, weil man keinen direkten Erfolg damit erzielen kann. Durch meine rutschigen Küchen, durch Messer und Maschinen bin ich aber ein Risikobetrieb und dieses Risiko muß ich absichern. Solche Kosten empfinde ich als eine richtige Belastung. Ich habe schon häufig versucht, auch mit denen zu verhandeln, aber sie lassen sich auf nichts ein. Ihre Tarife stehen fest, sagen sie.

Die **GEMA** kassiert bei mir viel Geld. Sie tritt für die Urheberrechte von Komponisten, Textdichtern und Verlegern ein und d.h. sie ist gebührenmäßig immer dabei, wenn bei uns Musik gemacht wird. Kleinere Unternehmen müssen ihre Veranstaltungen im Vorwege anmelden und bezahlen. Da wir viele Großveranstaltungen mit Musik haben, zahlen wir keine Pauschale, sondern im Nachhinein. Jedes Event muß zur Abrechnung einzeln aufgeführt werden. Da spielt es auch keine Rolle, ob die Gruppe aus dem Dorf ihre Songs spielt oder der reisende DJ Platten auflegt. Es wird angenommen, daß sie Stücke spielen, die urheberrechtlich geschützt sind, und dafür muß ich zahlen. Mittlerweile ist der Verwaltungsaufwand groß geworden, weil neben der genauen Uhrzeit bei Anfang und Ende dokumentiert werden soll, welche Titel in welcher Reihenfolge gespielt wurden. Ich habe schon die Kapelle beauftragt, solche Listen zu führen, aber die wollten nicht. Das Schreiben fiel ihnen schwer. Da habe ich einfach die genauen Angaben weglassen, und das war auch o.k. Beanstandungen sind selten, wenn man den guten Willen zeigt. Die Gebühren richten sich sowieso nach den Quadratmetern der bespielten Fläche. Die GEMA hat Dienste in den Regionen, die sich die Veranstaltungen aus der Zeitung notieren. Als Verbandsmitglied haben wir 20% Vergünstigung. Bei tausend Euro Gebührenaufkommen im Jahr sind das 200 gesparte Euro.

Im Hotel und in der Gaststätte sind alle Geräte gebührenpflichtig. Man kann sich Berater von GEMA und **GEZI** ins Haus holen und die Rechtslage mit Radio und Fernsehen klären lassen und sich beraten, welcher Tarif der günstigste ist. Da ich öffentlich Musik aus dem Radio und mit CD-Playern verbreite, quasi veröffentliche, fallen immer Gebühren an.

Der Umgang mit dem Abfall ist ein Kostenfaktor. Wenn auch die Entsorgung unseres Altpapiers nichts kostet, müssen wir doch für den Container und das Abholen bezahlen. Teuer ist auch das Beseitigen von Lebensmittelresten. Früher hat ein Bauer die Abfälle bei uns abgeholt und verfüttert, das aber ist seit einigen Jahren verboten. Heute werden sie von Fachfirmen entsorgt und ich muß einen Nachweis darüber führen, daß ich ordnungsgemäß entsorgt habe. Da lohnt sich eine Preisverhandlung, denn auch diese Firmen wollen Geld verdienen und arbeiten überregional. Ich muß also nicht die ortsansässige Müllentsorgungsfirma nehmen. Der Restmüll wird von unserem Müllentsorger noch sortiert. Wir haben einen großen Container, den wir nach Bedarf abholen lassen. Wir können mit einem festen Rhythmus von sieben oder 14 Tagen nichts anfangen; denn in der Saison würde der Container überlaufen und in der Nebensaison bleibt er fast leer. Der verwertbare Müll, Leichtstoffe wie Dosen, Getränkepackungen, Plastik, wird kostenlos entsorgt, während der Restmüll für uns teuer ist. Deshalb sortieren wir jeden Müll, um den Restmüll so gering wie möglich zu halten. Den Müll zu trennen, ist bei uns vor allem ein Kostenaspekt nicht nur ein Umweltaspekt, der natürlich auch wichtig ist.

Ich kann mir schon beim Einkaufen darüber Gedanken machen, **wie Müll zu vermeiden ist**, z.B. beim Gemüse und dessen Verarbeitung. Ich kann Frischgemüse, Konserven oder tiefgefrorenes Gemüse kaufen. Neben dem Qualitäts- und Preisunterschied haben sie auch einen unterscheidbaren Müllanfall. Das Tiefkühl-Gemüse hinterläßt bis auf die dünne Folie keinen Müll, Konserven tragen die schweren, großen Dosen zum Müll bei und das Frischgemüse hat den Nachteil, viel Bioabfall abzugeben. Es wird ja geputzt und der Abfall muß teuer entsorgt werden. Qualitativ ist das Frischgemüse natürlich das beste. Mit tiefgefrorenem Gemüse haben wir aber heute eine gute Alternative. Nicht alle Gemüse eignen sich dafür, aber es gibt schon einige, die das gut vertragen. Sind sie aber in meinem Betrieb einsetzbar? Der Imbiß an der Ecke braucht keine frischen Erbsen zu pulen, da würden Erbsen und Möhren aus der Dose reichen. Ein Frist-Class-Hotel darf keine Dosenbohnen auf den Tisch bringen. Damit sind die Möglichkeiten Abfall zu vermeiden auch eingeschränkt.

Kosten lassen sich auch beim Ausschenken sparen. Hier muß nur der Eichstrich eingehalten werden. Man darf nicht überhin einschenken und nicht zu wenig. Wenn man wirklich genau einschenkt, ohne Schankverlust, hat man auch Geld verdient. Wenn man sorglos damit umgeht, jedes Glas konsequent immer über den Eichstrich schenkt, dann wird man auf Dauer Verluste einfahren. Der Trick ist, immer mit kleinen Schenkdosierern zu arbeiten. Aus einer großen Flasche ohne Hilfsmittel richtig einzuschenken, schafft fast keiner. Und wenn ein Glas oben wie ein Kelch auseinandergeht, dann hat man eine noch größere Menge verloren, wenn man über den Strich schenkt. Beim Tanken haben sich alle daran gewöhnt: Ich bekomme ja auch nicht 55 Liter, wenn ich 50 bezahle. Kein Gast nimmt es übel, wenn man bis zum Eichstrich schenkt. Manche Wirte denken, es gehört zum guten Ton, mehr einzuschenken, aber es wird nicht honoriert. Getränke kann man mit wenig Aufwand gut verkaufen, denn da stimmt der Aufschlag einfach. Wenn ich ein Getränk serviere, habe ich lange nicht den Aufwand wie bei einer Speise. Wichtig ist natürlich, daß die Getränke in den richtigen Gläsern serviert werden und mit der richtigen Temperatur. Wenn alles zusammenstimmt, verkauft man auch schon mal ein Getränk mehr. Und das bringt bares Geld.

6. Warenerhalt – Nichts verderben lassen

Dreh- und Angelpunkt des Warenerhalts ist die **Konservierung**. Das fängt mit dem Kühlen der Ware an und geht bis zum Einfrieren. Ich muß darauf achten, daß ich die Ware frisch ist, wenn ich sie einfriere; denn frischer wird sie dadurch nicht. Ich muß auch darauf achten, daß ich nur solche Ware einfriere, die sich dazu eignet. Gemüse kann man in den seltensten Fällen selber einfrieren. Die Technik macht das Schockgefrieren möglich, aber das haben nur die großen Firmen, die meist mit einer besonderen Sprühtrocknung arbeiten. Sie ummanteln die Ware mit einer Wasserschicht, damit kein Gefrierbrand entsteht. Selber Gemüse einzufrieren, ist für unsere Zwecke unmöglich. Und funktioniert auch nicht, weil ein zu großer Qualitätsverlust entsteht.

Trocknen oder Einwecken wird in der Gastronomie so gut wie gar nicht mehr genutzt. Dafür gibt es das **Vakuumieren.** Geräte und Zubehör wie Vakuumbeutel werden immer günstiger, und deshalb hat sich diese Art durchgesetzt. Wenn ich Fleisch in Vakuum ziehe, wird der Reifeprozeß trotzdem fortgesetzt, die Enzyme können weiterwirken, aber weil die Luft abgeschlossen ist, kann der Sauerstoff die Ware nicht verderben. Genauso verhält es sich mit Suppen und Soßen. Auch Fisch läßt sich auf diese Weise gut aufbewahren. Vakuumierte Ware muß natürlich gekühlt werden. **Die Ware hält bei der Konservierung ausgesprochen lange.** Auch ist durch die Verpackung der Kühlraum gegen Gerüche geschützt. Für das A-la-carte-Geschäft kann ich die Steaks schon auf Größe schneiden, gut portionieren und vorbereiten.

Convenience-Produkte sind vorgefertigte Waren, die ich noch weiterverarbeiten muß. Sie haben sich in den letzten Jahren auch in der hochwertigen Küche durchgesetzt. Ich spare einfach Zeit, minimiere die Personalkosten und kaufe günstig ein. Da gibt es z.B. geschälte Kartoffeln. Viele meinen, sie seien zu teuer. **Man darf sich aber**

durch den Preis nicht täuschen lassen. Eine rohe Kartoffel, ungewaschen und ungeschält, scheint ja viel günstiger zu sein. Rechne ich aber den Personaleinsatz, den Dreck, den Wasser- und Werkzeugeinsatz, den Abfall, dessen Entsorgung, und was alles beim Schälen entsteht, sieht die Kalkulation schon anders aus. Dazu kommt der Verlust: Wenn eine Kartoffel geschält wird und die Schale ist nur einen Millimeter dick, verliert sie einen großen Teil ihres Gewichts; denn die Außenhaut wiegt am meisten. Ob ich also auf das Convenience-Produkt Kartoffel zurückgreife oder nicht, wird zu einer Rechenaufgabe.

Der geputzte und geschnittene **Salat** ist ein beliebtes Angebot im Convenience-Bereich. Alle Sorten sind so zubereitet, daß sie ohne Sand sind, hygienisch sauber und gebrauchsfertig geschnitten. Da ist man ist als Verbraucher auf der sicheren Seite. Es wird eine große Auswahl an Portions-Größen angeboten, die Abfall vermeiden helfen. Dafür ist das Produkt aber auch teuer. Für uns lohnt sich das nicht; denn wir haben einige Mitarbeiter, die wir über die Stoßzeiten hinaus beschäftigen wollen, und so habe ich für die Vorbereitungsphase genügend Mitarbeiter, die ich sie einsetzen kann. Wäre ich Alleinkoch, würde ich mir das noch einmal überlegen. **Diese Salate sind von der Qualität her gut und haltbar.** Sie werden luftdicht verschlossen, kaum zusammengedrückt und "begast". Das schont die Vitamine und verzögert den Verfall. Ein Kollege von mir hat in seinem Kühlhaus kleine Tütchen von 500 Gramm bis zu einem Kilo, da steht sogar schon "Mischung für den Chefsalat" drauf. Radicchio ist darin, Eisberg, Lollo Rosso oder in einer anderen Tüte sind Rettich und Möhren, für die Rohkostschiene. Er braucht nur reinzugreifen und hat einen kompletten Salatteller fertig. Dressing kommt aus dem Tetrapack. Der Zeitaufwand für einen Salatteller ist für ihn so gering, daß er gar nicht mehr ins Gewicht fällt.

Vorgebackene Brötchen und Brot kann man auch als Convenience-Produkt im Tiefkühlraum lagern, sie werden nur noch fertiggebakken. Bei den Brötchen ist es mittlerweile gang und gäbe, daß sie fast fertig gebacken sind und nur noch aufgebacken werden. Das kann man auch im Privathaushalt machen. In der Gastronomie ist die Technik aber viel weiter. Firmen stellen einem kostenlos Öfen auf. Dafür verpflichtet man sich, nur das Material dieses Lieferanten einzusetzen. Man spart den Weg zum Bäcker am Morgen, wenn man Brötchen für die Hotelgäste braucht, und Zeit. Man kann immer ein paar Brötchen nachbacken. Wir machen das seit Jahren und ich weiß, daß wir dadurch eine Menge gespart haben. Der Gast mag gerne warme Brötchen und honoriert das auch.

Gerade in diesem Bereich werden viele Ideen verwirklicht. Die Hersteller geben sich Mühe, denn sie wollen verkaufen und so wird gerade für das **Büffet** viel angeboten. Frikadellen sind ein Beispiel dafür. Sie sind fertig gebraten und müssen nur noch erwärmt werden. Ein typisches Convenience-Produkt ist eine gefüllte Hühnchenbrust, die roh ist und nur noch gebraten werden muß. Man hat keine Arbeit mit dem Zubereiten und Füllen. Fertig panierte Schweineschnitzel, Fisch fertig portioniert, gewürzt, wird nur in die Pfanne gelegt. Alle Produkte sind so konzeptioniert, daß sie weiterverarbeitet werden müssen. Eine ganz andere Schiene sind die Fertiggerichte, die eher für den Privathaushalt geeignet sind.

Rinderrouladen werden fertig gefüllt und gewickelt geliefert, so daß sie von uns nur zu braten und zu schmoren sind. Eine Stufe weiter wird die Roulade auch schon fertig gebraten und in Soße geliefert. Sie ist in Vakuum konserviert und nur noch zu erwärmen. Das ist für das A-la-Carte-Geschäft und wenn die Küchen sehr klein sind, ein Vorteil. Bedenkt man, daß die Firmen beträchtlichen Aufwand reinstecken, damit dieses Produkt gut ist und schmeckt, kann man nicht grundsätzlich sagen, daß Fertigprodukte von minderer Qualität sind. **Man muß es als eine Art Outsourcing verstehen**, das von meinem Betrieb weniger „Fertigungstiefe" verlangt. Der Kunde kann sogar die Gewicht der Zwiebeln angeben, und ob er Gurke oder Senf darin haben möchte. Er kann die Roulade so bestellen, wie er sie möchte und sie wird ihm fertig geliefert. Das macht der Hausschlachter oder auch der Großhandel für den Gastwirt. Die fertig gebratene Roulade in Soße ist z.B. für das kleine Schnellrestaurant an der Ecke geeignet. Wenn es dort Rouladen als Tagesgericht geben soll und der Koch fällt aus, kann ein Service-Mitarbeiter sie in den Ofen schieben.

Das Lebensmittelrecht sagt ganz klar, daß Speisen, die die Küche verlassen, nicht wiederverwertet werden dürfen. Wenn Gemüseplatten rausgehen und es bleibt Gemüse übrig, wandert alles in den Müll. Es könnte ja sein, daß ein Gast eine Krankheit hat, faßt das an oder macht sich einen Spaß daraus, etwas ins Essen zu streuen. Ob das böswillig ist oder ihm aus Versehen passiert, die Speisen sind verunreinigt. **Speisereste sind sofort zu entsorgen.** Wenn ich aber einen Braten angerichtet habe und die Hälfte ist noch in der Küche, kann ich ihn selbstverständlich weiterverwerten. Was aber die Küche verlassen hat, ist für die Verwertung tabu. Verpackte Sachen wie Butter, Marmelade, Milch in Portionen oder Eier kann man wieder verwenden. Andererseits ist es schon üblich, daß die Mitarbeiter von den zurückgegebenen Speisen essen; natürlich nur Speisen, die nicht direkt auf dem Teller des Gastes lagen. Wenn das Fleisch oder Gemüse auf Platten angerichtet wurde, und Reste kommen in die Küche zurück, ist es dem Mitarbeiter selbst überlassen, noch davon zu essen. Er sieht ja, wie die Gäste damit umgegangen sind und handelt in eigener Verantwortung.

Oft sagen Gäste, sie hätten gerne die Speisen, die sie nicht verzehrt haben, mit nach Hause genommen. Wir sind immer froh darüber, wir brauchen es nicht zu entsorgen und glauben, daß wir den Gast damit auch zufriedenstellen. Wenn der Kellner sieht, daß der Gast viel übrig gelassen hat, gibt er ihm den Hinweis, daß wir ihm das gerne verpacken und uns freuen, wenn er das mitnimmt. Und das kommt gut an, denn es stimmt ja auch. Das Verpacken dauert einen Augenblick, aber es ist ein guter Service, über den sich die Gäste freuen. Selber mögen sie nicht fragen, ob sie es mitnehmen dürfen. In Amerika hat man das **"doggybag"** genannt, man nimmt es angeblich für den Hund mit. Man sollte es dem Gast leicht machen, es mitzunehmen. Er hat als Gast vielleicht den Eindruck, er tut etwas Ungehöriges. Ganz unmöglich ist es, wenn ein Gast versucht, etwas heimlich mitzunehmen, es in die Serviette einpackt und in die Handtasche steckt. Das braucht er heute nicht mehr, wenn man es ihm zur rechten Zeit angeboten hat.

Ebenso eindeutig sollte man sich verhalten, wenn es um das Nutzen des Frühstücksbüffets für ein **Lunchpaket** geht. Der Hinweis, nichts aus dem Frühstücksraum mitzunehmen, wirkt eher peinlich. Wir machen es hier so, daß wir schon in die Gästeinformation schreiben: „Packen Sie sich Ihr Lunchpaket für den Tag. Der Preis dafür beträgt 4,75 €." Wir verbieten es also nicht, sondern freuen uns, wenn wir etwas verkaufen können. Die meisten Gäste möchten gern ein Brot mitnehmen und auch etwas dafür bezahlen, sie wissen nur nicht, wie sie es machen sollen. So streichen sie sich einfach ein Brot und stecken es in die Tasche. Durch eine klare Aussage kann man Peinlichkeiten für beide Seiten vermeiden.

7. Hygiene - Immer sauber und frisch bleiben

Sich hygienisch zu verhalten, ist der Gesundheit zuträglich, sagten die antiken Griechen. Ihre Vorschriften waren oft in Kultur oder Religion eingebunden, wie Waschungen, Ruhetage, Essensvorschriften. Die Römer kannten eine Marktpolizei, die den Zustand der Lebensmittel kontrollierte. Im Mittelalter hatte man alles vergessen und lebte unhygienisch, was denn auch zu Pest und Cholera, Aussatz und Schlimmerem führte. Der gastronomische Betrieb sollte sich lieber an die alten Griechen halten und Hygienevorschriften als ein Ritual handhaben, das von allen Mitarbeitern beachtet wird.

Es macht keinen guten Eindruck, wenn die Küche unsauber und über Kopf ist. Eine Küche muß immer ordentlich und sauber aussehen. Offiziell darf ja niemand ohne Schutzkleidung in die Küche, d.h. man muß dann weiße und saubere Kleidung tragen. Auf dem Land ist es üblich, daß die Gäste einmal in die Küche reinsehen. Wenn z.B. Essen außer Haus geliefert wird, oder es werden Teller oder Besteck zurückgebracht, kommen auch Kunden in die Küche. Die wollen da durchlaufen und sehen, wie wir das machen und wo wir das Essen zubereiten.

Seit einiger Zeit geistert das Zauberkürzel **HACCP**[1] durch die Gastronomie. Es ist in eine europäische Richtlinie eingegangen (93/43 der EG „Allgemeine Lebensmittelhygiene"), die den Umgang mit der

---

[1] Das **„Hazard Analysis Critical Control Point"**-Konzept kommt aus den USA. Es wurde 1959 entwickelt, als ein Hersteller von der NASA beauftragt wurde, ein hundertprozentig sicheres, weltraumgeeignetes Lebensmittel herzustellen. Erst im Jahre 1985 wurde die Anwendung durch die US National Academy of Science (NAS) empfohlen. Seitdem wurde weltweit das System erprobt und weiter entwickelt.

Hygiene eindeutig und europaweit regelt. Das Wichtige an dieser Regelung ist: **Alle Hygienevorkehrungen werden dokumentiert.** Als wir damit anfingen, haben wir uns fertige Listen gekauft, die man überall bekommen kann. Diese Checklisten treffen auf den eigenen Betrieb nicht genau zu und sind deshalb schwer zu handhaben. Einfacher ist es, sie als Muster für den eigenen Betrieb zu nehmen und so abzuändern, daß man sie einsetzen kann. Die Listen hingen bei uns in der Küche an der Pinwand und jeder hatte sie zu führen. Durch die Dämpfe, das Wasser und die Hitze wurden sie aber schnell unansehnlich und da sie doch ein paar Tage hängen müssen, war das keine gute Lösung. Wir haben uns dann einen Aktenkoffer mit der Aufschrift "HACCP" zugelegt, in dem alles Notwendige drin ist: Ein Thermometer, die Listen selbst, einige Ratgeber, Bücher über dieses Thema usw. So haben wir alles an einem sauberen Ort verstaut. Jeder weiß, wo der Koffer steht, und kann ihn für die Kontrolle mitnehmen.

Das Führen der Listen wird durch keine Stelle kontrolliert. Sie werden erst dann wichtig, wenn ein Schaden aufgetreten ist. **Im Schadensfall bin ich in der Beweispflicht.** Kann ich den Beweis ordnungsgemäßen Verhaltens nicht aufgrund der Listen führen, bin ich immer im Nachteil. Stellt z.B. das Gesundheitsamt fest, jemand hat Salmonellen, so wird sofort nachgeforscht, wo er die letzten Tage gegessen hat oder wo es sonst herkommen könnte. Nehmen wir an, er erinnert sich, an den letzten beiden Tagen in einer Gaststätte Eis gegessen zu haben - und die Eisherstellung ist in diesem Zusammenhang ein heikles Thema - so verlangt das Gesundheitsamt von der Gaststätte die HACCP-Listen und es ist schlimm, wenn sie nicht ordnungsgemäß geführt worden sind. Entdeckt man weiter, daß die Milch zur Eiszubereitung frisch vom Bauern geholt wurde, ist der Gastwirt dran. Hätte er die Listen geführt, wäre für ihn daraus zu ersehen gewesen, daß er diese Milch gar nicht hätte einsetzen dürfen. Das Lebensmittelrecht schreibt vor, daß nur Milch aus der Molkerei benutzt werden darf. Aber da er sich mit diesem Thema nicht beschäftigt hat, kostet ihn das eine beachtliche Strafe, er muß Schadensersatz leisten, ja er kann wegen Körperverletzung angeklagt werden.

Jederzeit muß ich auch gewahr sein, daß bei mir eine **Lebensmittelhygiene-Kontrolle durch das Veterinäramt** durchgeführt wird. Der Beauftragte kommt immer unangemeldet. Sieht er im Betrieb z.B. eine unsaubere Personaltoilette, ist es zu deren hygienischer Beurteilung das Einfachste, sich eine Liste geben zu lassen, in der die Säuberung dokumentiert ist. Dort steht, wann sie zum letzten Mal gereinigt wurde, wie, in welcher Form, ob desinfiziert oder nur grob gereinigt wurde, und schon hat er seine Beweismittel. Es ist Ermesssenssache des Beamten, ob er eine Anzeige schreibt, Bußgelder verhängt oder ob es eine Verwarnung gibt. Auch kann der Betrieb geschlossen werden. Und das geht von einem auf den anderen Tag. Wenn der Beamte meint, der vorgefundene hygienische Zustand ist für den Gast nicht mehr zumutbar, wird der Betrieb sofort geschlossen.

Die Listen nach der HACCP haben auch einen weiteren Vorteil: Ich kann gut verfolgen, ob die **Bestimmungen** eingehalten werden, nicht nur die, die zur Hygiene wichtig sind, sondern auch die, die zum Warenerhalt notwendig sind. Die Nachschau, ob alle Waren nach der Arbeit ordnungsgemäß verpackt sind, werden bei uns genutzt, den Zustand der Ware gleich mitzukontrollieren. Da wir die Listen um diesen Punkt ergänzt haben, sind die Mitarbeiter in der Küche verpflichtet, den Bereich gleich mit zu checken. Zu Arbeitsbeginn geht der Koch ohnehin ins Kühlhaus und sieht sich die Waren an. Er kann am Aussehen und am Geruch sofort erkennen, welche Ware verbraucht werden muß und welche noch bis zum Wochenende haltbar ist. Im Blick behalten muß er immer die Fisch- und Fleischwaren und das Gemüse. Wenn er den Überblick hat bevor das A-la-carte-Geschäft beginnt, können wir unsere Aufgaben wesentlich besser koordinieren und die Tagesgerichte sinnvoll planen. Auf einer der

Listen steht: "**Warenkontrolle, täglich**". Wenn ich eine Ware kontrolliere und sie mit „o.k." oder "Verdirbt, wird verderben" oder ähnlich beschreibe und diese Rubriken ankreuze, könnte man theoretisch ausschließen, daß Ware überhaupt noch verderben muß.

In der Küche haben alle Mitarbeiter die schon erwähnte **Schutzkleidung** zu tragen, auch wenn es für manche nicht zu verstehen ist, daß sie nicht in Jeans arbeiten dürfen. Das Küchenpersonal muß auch vor dem Gast richtig angezogen sein: Die richtigen Hosen, rutschfeste Schuhe, alles leicht zu reinigen. Auch muß ich **Wissen über die Personalhygiene** vermitteln und auf ihre Einhaltung achten; denn manche Mitarbeiter nehmen es damit nicht immer genau. Ich kann zwar sagen: "Wascht Euch die Hände! Nach dem Toilettengang erst waschen, dann desinfizieren!" Sie nicken, es ist aber nicht immer gesagt, daß sie es auch praktizieren. Damit das zur Gewohnheit wird, muß ich immer wieder darauf hinweisen. Die meisten wissen gar nicht, wie man das Desinfektionsmittel benutzt. Ich habe deshalb einen Zettel gedruckt, der im Personal-WC hängt. Darauf steht: "Hände waschen, danach abtrocknen, danach desinfizieren und nicht wieder abtrocknen." Kurze Stichworte, die jeder verstehen kann und täglich vor Augen hat. Personalhygiene nehme ich sehr ernst und bemühe mich, darin Vorbild zu sein.

Wie oft die Kleidung gewechselt werden muß, hängt vom Arbeitsaufwand ab. Es gibt Mitarbeiter, die gar nicht mit Schmutz in Berührung kommen oder nur eine halbe Stunde am Tag arbeiten. Ein Lehrling muß auf jeden Fall täglich die Kleidung wechseln, weil er mit den Lebensmitteln noch nicht professionell genug umgeht. Lehrlinge verschmutzen sehr schnell, sie können es auch gut vertragen, zweimal am Tag die Kleidung zu wechseln. Der Arbeitgeber stellt und reinigt sie ja. In einigen Betrieben wird dem Auszubildenden dafür eine Pauschale abgezogen. Der Koch, der auch täglich seine Kleidung wechseln muß, macht das auf eigene Rechnung. Die Vorschrift sagt auch, daß eine Kopfbedeckung zu tragen ist, falls Haare in die Suppe oder auf die Speisen fallen könnten. Bei Mitarbeitern mit sehr kurzen Haaren - es gibt ja diese Mode - kann man davon absehen. Wie lang das Haar sein darf, ehe man eine Kopfbedeckung tragen muß, ist Ermessenssache. Das wird auch von den Beamten kaum einmal beanstandet. Und überall wird z.Z. vorgelebt, ohne Mütze zu kochen. Ob das die Meisterköche im Fernsehen sind oder bei den Tagungen der Berufsverbände, wo vorgekocht wird. Die Mode setzt sich da einfach durch.

Die Küche muß noch am gleichen Tag gereinigt werden. Nach der Arbeit muß sie pikobello saubergemacht werden, weil sich sonst der Dreck in der Zwischenzeit so richtig festsetzen kann. Morgens möchte ich in einer frischen und sauberen Küche wieder anfangen. Eine solche Reinigung kann Stunden dauern. Wenn an einem Wochenende richtig Betrieb war, wurde ja jede Ecke benutzt. In einer Küche wird auch viel gebraten und der Fettdunst setzt sich überall ab. Mit Reinigungsmitteln und Waschlappen sind v.a. die Wände und der Herdbereich zu säubern. Wenn der Koch seine Vorbereitungsarbeiten für den nächsten Tag erledigt hat, reinigt er eigenhändig sein direktes Arbeitsgerät. Die Messer dürfen nicht in die Abwäsche gegeben werden, weil sie ein beträchtliches Unfallrisiko darstellen. Er macht üblicherweise noch seinen eigenen Herd sauber und sein Kochgerät. Und wenn Zeit ist, auch die Arbeitsflächen, Böden und Wände. Bevor er die Küche verläßt, kontrolliert er, ob die Waren auch ordnungsgemäß im Tiefkühlraum verstaut sind. Alles muß ordentlich verpackt werden, das darf er nicht vernachlässigen.

Ich kontrolliere auch nach, denn ich bin dem Gesetzgeber gegenüber der Verantwortliche. **Ich muß dafür einstehen, was ich und meine Mitarbeitern tun oder unterlassen**, muß mich rechtfertigen und die Sanktionen – z.B. Bußgelder – tragen. Wenn ich meine Mitarbeiter nicht im Griff habe, und sie machen das nicht ordnungsgemäß, werde ich belangt, nicht die Mitarbeiter. Ich habe dafür zu sorgen, daß alles vorschriftsmäßig eingetragen wird. Ich sehe mir also die Listen an, führe Nachkontrollen durch und bespreche das Ergebnis mit meinen Mitarbeitern. Das Meeting ist ein wichtiges Instrument, auf dem ich gezielt Informationen über Hygienevorschriften weitergebe. Ich schildere, was mir aufgefallen ist, und wie es laut Verordnung durchzuführen ist. Dafür gibt es keine festen Intervalle, es heißt "nach Bedarf". Wenn ich einen neuen Mitarbeiter habe oder die alten werden nachlässig, dann ist es wieder Zeit, die Schulung über Personalhygiene durchzuführen: Händewaschen, Desinfizieren, saubere Kleidung. **Die Belehrung der Mitarbeiter über Hygiene muß dokumentiert werden**: Wer an diesen Besprechungen teilgenommen und wer sie durchgeführt hat. Wenn man das alles einhält, ist man immer gut gewappnet, wenn man einmal zur Verantwortung gezogen wird.

Was passiert nun, wenn etwas passiert? Abweichungen wie z.B. Schimmel auf der Ware, werden in den Listen dokumentiert: Die Ware ist verdorben und wird sofort entsorgt. Mit diesen Listen kann es nun nicht mehr passieren, daß verdorbene Ware im Kühlhaus liegenbleibt. Wenn ich das mache, passiert mir nichts, selbst wenn das nun in den Listen drinsteht. Wenn der Beamte das Kühlhaus inspiziert und findet solch schimmlige Ware, verhängt das Gesundheitsamt gegen mich ein Bußgeld, weil es davon ausgeht, daß ich diese Ware verbrauchen wollte.

Auch **Schädlingsbefall**, z.B. das Auftauchen von Mäusen, wie es auf dem Lande mal vorkommt, wird dokumentiert. Man muß aber sofort Abhilfe schaffen, entweder mit dem Kammerjäger oder durch eigene Mittel, die dann auch dokumentiert werden. Schädlinge sind nur gefährlich, wenn sie zur Plage, zur Dauererscheinung, werden. Wird ein Schädling entdeckt und beseitigt, ist das Thema erledigt. Eine Schabe ist sicherlich ein Zeichen von mangelnder Hygiene. Sie kommt in neuen Küchen eigentlich nicht mehr vor, weil sie anders konzipiert sind. Schaben suchen dunkle, warme Plätze, hinter Öfen, die fest montiert sind, in Nischen, hinter Wänden. Das ist eigentlich nur noch in alten Gebäuden der Fall. Wenn jemand seine Küche neu einrichtet, und darauf achtet, daß solche Stellen gar nicht erst entstehen, können sich auch keine Schaben einnisten; denn sie sitzen nicht auf der blanken Fliese. Da alle Einrichtungsgegenstände heute frei auf Füßen stehen und leicht abgerückt werden können, kann sich die Schabe eigentlich nicht mehr einnisten. In unserer Gegend ist sie auch bisher nicht aufgetaucht.

Auf die Hygiene beim Ausschank von **Getränken** muß man besonders achten. Gerade hier gibt es viele Untersuchungen, die auch im Fernsehen immer spektakulär dargestellt werden, z.B. zur Frage „Wieviel Bakterien befinden sich in einem Glas?" Obwohl es überall Bakterien gibt - und wir auch manche dringend brauchen - muß man darauf achten, daß ein Glas hygienisch sauber ist. Gerade da, wo mit Bier gearbeitet wird, ist große Sorgfalt nötig. Bier ist nun einmal ein Stoff, in dem Hefe verarbeitet wird, und die verbreitet sich ja unwahrscheinlich schnell und verunreinigt alles um sich herum. Normalerweise wasche ich meine Gläser in einer Spüle mit den Gläserspülbürsten. Wenn ich am Abend das Wasser einfach ablassen und am nächsten Tag nur wieder einlassen würde, kann ich sicher sein,

daß die Hefe an den Bürsten sitzen geblieben ist und sich vermehrt hat. Die Servicemitarbeiter müssen diesen Bereich bei Feierabend gründlich reinigen. Auch die Bierhähne, alles, was mit Luft in Berührung kommt. An all diesen Geräten wächst die Hefe unwahrscheinlich schnell und rasch entsteht Schimmel.

Bierleitungen werden nach dem neuesten technischen Standard jetzt mitgekühlt. Bei älteren Anlagen mußte das in der Leitung stehende Bier vor dem Ausschenken herausgezapft werden. Das war ein großer Verlust an Ware. Deshalb wird heute nur noch die Bierbegleitkühlung eingebaut. Aber das ist keine Vorschrift. Verpflichtet ist man, die Leitungen alle 14 Tage zu reinigen. Dazu sind spezielle Reinigungsmittel vorgeschrieben. Auf der sicheren Seite befindet sich, wer eine Spezialfirma beauftragt, die Leitung alle 14 Tage fachmännisch zu reinigen und das im „Betriebsbuch für eine Getränkeschankanlage" zu dokumentieren. Wer das Geld selbst verdienen will, besorgt sich die Geräte und Mittel, muß aber darauf achten, daß er den Reinigungsrhythmus auch einhält - es heißt: „mindestens alle 14 Tage". Finanziell kann es besonders dann interessant werden, wenn man mehrere Leitungen zu reinigen hat. Heute kommen durch die Bier- und Prämix-Anlagen, für Cola, Brause und Selters, doch schon einige Kosten zusammen. Da die Firma pro Leitung bezahlt wird, kann ich mir ausrechnen, ab wann es sich lohnt, die Arbeit selbst zu verrichten. Da sich die Vorschriften immer wieder ändern, muß man sich auf dem letzten Stand halten und das bezieht sich auch auf die Geräte. Das ist mit einzurechnen.

Im **Service-Bereich** sind unsere Listen auch eine gute Anleitung für die Zimmermädchen. Wenn auf der Liste vorgegeben ist, Toilettenpapier zu kontrollieren, oder die Anzahl der Handtücher pro Zimmer festgelegt ist, können sie gut nach dieser Checkliste arbeiten. Spiegel sind zu reinigen, Staub wird gewischt, besonders an den wichtigen Stellen wie Lichtschalter oder Telefon. Üblich ist es auch, daß unter das Laken Gummibelege gehören, falls mal etwas ausläuft. Solche Vorgaben sind einfach, sie können gewissenhaft erledigt und schnell abgearbeitet werden. Für uns ist es auch wieder ein Hygienenachweis bei der Kontrolle durch das Amt.

Es gibt schon für Auszubildende einfache Checklisten für **das Herrichten von Hotelzimmern.** Da steht z.B.: „Zweimal deutlich anklopfen", damit der Gast nicht gestört wird, falls er noch da ist. Dann „Aschenbecher und Papierkorb entfernen, Fenster öffnen, auf liegengebliebene Gegenstände achten, Betten abziehen, Lüften, Bad reinigen, Bedarfsartikel auffüllen. Staubwischen im Zimmer, Staub saugen. Dabei von hinten zum Ausgang arbeiten. Telefonhörer und Schränken abwischen, Fernseher, Fenster schließen, Bett frisch beziehen. Prospekte, Minibar, Schreibzeug nachfüllen. Kontrolle der elektrischen Anlage und Endkontrolle, "[2] aufpassen, daß alles wieder aus dem Zimmer mitgenommen wird, z.B. die Putzmittel. Ich kann also nicht erst Staub wischen und dann Betten machen, dann habe ich alles wieder vollgestaubt.

Bei der **Nachkontrolle** muß ich darauf achten, daß die Waschbecken, unten an den Chromaganabflüssen keine braunen Ränder haben, daß das ganze Waschbecken mit geputzt worden ist, auch der Überlaufknopf. Um den Wasserhahn herum muß es besonders ordentlich sein. Die Duschwände dürfen keine Kalkflecken haben und die Toiletten keine Ränder. Auch unter die Toiletten muß geguckt werden, daß da keine Flecken sind, wo es runterläuft. Die Toilettenbürsten müssen sauber sein. Weil sie in der Halterung schön versteckt sind, sieht es vielleicht keiner. Spiegel sollen glänzen, keine Haare auf dem Fußboden oder sonst wo. Auch die kleinen Mülleimer müssen picobello sein. Unsere Putzfrauen haben Erfahrung darin, die sind schon ewig hier. Manches sehen sie aber nicht mehr so, da wissen wir, worauf wir bei der Nachkontrolle achten müssen; ansonsten sind sie sehr penibel. Und dann machen wir natürlich Frühjahrsputz.

---

[2] z.B. in Degen, Bernd u.a.: Prüfungsfragen... Haan: Europa-Lehrm. 1996

8. Organisation - Das Team und sein Chef

Als Wirt bin ich selber ganz ins Geschäft eingebunden, ich muß richtig handwerklich arbeiten und bin vor allem im Verkauf und in der Küche tätig. Darüber hinaus muß ich mich aber auch **um das Management meines Betriebes kümmern.** Die dafür eingesetzte Zeit bekomme ich durch den gezielteren Einsatz meiner Mittel und durch mehr Gewinn wesentlich besser bezahlt als wenn ich stundenlang noch so gutes Essen zubereite. Speziell dafür habe ich mir eine Fachkraft genommen, die mir die benötigten zeitlichen Freiräume schafft. Was mir mehr Spaß macht? Ich muß die **Balance zwischen „Wirt sein" und „den Betrieb managen" halten.** Wenn ich nur Manager bin, habe ich eine ganz andere Funktion und Sicht auf das, was ich tue. Als Wirt und Koch sehe ich mehr die Gäste, ob es ihnen schmeckt, auf die Tischdekoration usw. Natürlich muß ich als Wirt vor Ort sein und repräsentieren, aber auch nicht aus den Augen verlieren, was in der Produktion passiert, im Service oder in der Küche. Das Management wird oft sehr vernachlässigt. Diese Funktion wird an den Steuerberater oder den Buchhalter abgegeben und schließlich hat man nicht mehr den Überblick über das gesamte Geschäft. Den aber muß ich behalten, weil es da um viel Geld geht. Ich kenne genug Kollegen, die nur in der Küche stehen, obwohl ihr Betrieb dafür viel zu groß geworden ist. Sie unterschätzen diese Seite ihres Geschäfts.

Unsere Mitarbeiter bekommen wir durch Mundpropaganda, wir müssen nicht suchen. Es kommen junge Mütter, die sich freuen, wenn sie aus ihrem normalen Alltag herauskommen. Wenn sie schon einmal im Service gearbeitet hat, kann sie sich vorstellen kommen. Bei der Vorstellung achte ich auf ein freundliches und gepflegtes Aussehen. Wir haben Dicke, Dünne, jede Statur, Lang- und Kurzhaarige, Blonde, Brünette, eben alle. Wir kleiden sie ein und helfen ihnen, sich zurechtzumachen. Durch unsere einheitliche Garderobe sehen alle ordentlich aus. Wenn ich die Bewerber gesehen habe, kann ich schnell einschätzen, wie sie sich machen werden. Ich sehe das an den Bewegungen, wie sie z.B. laufen. Jeder Mitarbeiter wird nach seinen Fähigkeiten eingeteilt. Wenn ich meine, ich kann eine neue Kraft nicht in den Service nehmen, dann muß sie Tabletts von der Küche in den Saal tragen, dort auf einen Tisch in der Mitte abstellen, damit die anderen die Sachen dann weiter verteilen. Der eine macht die Zubringerdienste und der andere den Kontakt mit dem Gast.

Wenn jemand noch keine Erfahrung im **Servieren** hat, geht sie mit einer eingespielten Kraft mit und die sagt genau, was sie zu machen hat. Das kann jeder schnell lernen. Und beim Abräumen muß sie das Tablett hochhalten und erst einmal zugucken. Sie läuft immer mit, ist sofort mitten im Geschäft und oft richtig geschockt, was sie alles auf einmal machen muß. Das ist mehr als hinter dem Tresen stehen und lächeln. Das scheidet die Spreu vom Weizen. Da gibt es dann Neue, die arbeiten zwei Stunden und sagen, sie hätten Kopfschmerzen und müßten nach Hause. Sie haben nicht damit gerechnet, daß sie richtig schaffen müssen. **Bei uns ist ständig Ernstfall**, es gibt keine Ausbildungszeit. Ich bin der Meinung, sie müssen gleich mitmachen, dann lernen sie es am besten.

Wenn die Kellner kommen, dann nehme ich mir das Auftragsbuch und finde, was die Gäste bestellt haben. Sie haben z.B. zuerst einen Sektempfang, dann vielleicht eine Suppe vorweg. Jeder Mitarbeiter, der kommt, erfährt so von mir den Ablauf, und wo wir gerade stehen. Denn die Kellner kommen alle nacheinander. Ich bestelle keine fünf Leute auf einmal. Der erste kann vorbereiten, der andere Sekt einschenken, eine Stunde später kommt zur arbeitsintensivsten Zeit, wenn das Essen aufgetragen wird, der Nächste und drei Stunden später kommt wieder ein anderer, der macht den Kaffee. Bei meiner Einteilung muß ich ganz klare Vorgaben machen und die **Aufgaben mit der jeweiligen Verantwortung übertragen**. Der eine hat die Verantwortung für den Getränkeservice und weiß damit, was er selbständig zu tun hat: er kontrolliert die Getränkekühlschränke auf Vollständigkeit, stellt die passenden Gläser für den Anlaß zusammen, schenkt ein, zapft und serviert. Der andere ist für das Auftragen der Speisen zuständig und beginnt mit der Vorbereitung für das Essen, bereitet die Warmhalteplatten vor und deckt ein. Vieles steht schon auf dem Tisch, weil wir es am Vortag fertiggemacht haben. Ich muß nämlich auch für den nächsten Tag vorplanen, welche Aufträge anliegen, ob man da zwischendurch noch etwas vorbereiten kann, um **auch Leerlaufphasen auszunutzen**. Ich muß das auch so organisieren, daß sie nicht alle zusammen aufhören. Wenn ein Kellner um 15 Uhr Feierabend hat, läßt er nicht alles stehen und liegen, sondern macht noch die Übergabe. Er sagt dem Kollegen, was er gemacht hat, faßt mit an bis der Ansturm vorbei ist und dann, wenn der andere allein zurechtkommt, geht er erst nach Hause.

Wenn bei einer Hochzeit Braten aufgetragen oder wenn Suppe gegessen wird, braucht man wenig Personal. Bei solchen **Gesellschaften** muß ich aber zwei Leute hinterm Tresen haben, weil die Gäste nach dem Tanzen dort gerne trinken. Für den Saal brauche ich zwei Kellner, die die Tische neu bestücken und Getränke bringen. Zum Auftragen bekommt jeder Kellner drei Tische à sechzehn Personen und da muß er die Teller zählen, denn an denen messen wir, wieviel Gäste anwesend sind. Auch macht er den Nachservice, wie Kartoffeln und Suppe nachbringen. Die festen Saalkellner bleiben auch im Saal, wenn das Essen vorbei ist. Sie sind die ganze Zeit für Getränke zuständig, für das Auftragen, Abräumen, Dessert servieren, für Kaffee und Aperitif. Nach dem Ehrentanz, wenn es dann wieder ruhiger wird, machen sie in der Küche das Besteck mit. Erst dann geht es nach Hause. Bei größeren Gesellschaften haben wir manchmal sechzehn Tische, da muß ich sechs bis sieben Kellner einsetzen. Manche kommen nur zum Auftragen, andere machen danach die Kegelbahn, das Restaurant oder die Gaststube.

Immer Ärger mit dem Personal? Eigentlich nicht. Wir haben erst zwei unerfreuliche Fälle erlebt. Einmal hat jemand alle Trinkgelder einfach für sich kassiert. Das haben wir nicht mitgemacht, denn das war abgesprochen: Service und Küche teilen. Zuerst hat sie zugestimmt, es dann jedoch nicht gemacht. Sie hat so getan als ob, jedenfalls hat sie nichts ins Sparschwein gesteckt und wir sind immer davon ausgegangen, sie macht es wie alle anderen. Die anderen haben es natürlich bemerkt und untereinander darüber gesprochen. Man kann niemanden einfach rauswerfen, wenn sie gegen Absprachen verstößt. Ich habe zunächst einmal mit ihr allein geredet und ihr gesagt, was wir beobachtet haben. Sie sah es nicht ein, denn sie wollte das Trinkgeld allein behalten, denn das wäre woanders auch nicht so. Erschwerend kam hinzu, daß sich einige Gäste über ihre Art beschwert hatten. Sie fand auch das nicht gerechtfertigt und konnte es nicht nachvollziehen, aber es kam von mehreren Seiten und so kam eins zum anderen. Sie hat sich einfach nicht gefügt. Wir haben uns das noch ein halbes Jahr angeguckt. Dann wollte sie auch noch die Betriebsausfahrt mitmachen ohne eingezahlt zu haben. Da war dann Schluß.

Wenn das Personal will, kann es dem Wirt gehörig schaden. So hatte an einem Sonntag eine Aushilfe nicht alle Personen, die sie beim Brunch bediente, in die Kasse eingegeben, aber bei ihnen abkassiert. Bei der Abrechnung fiel mir aber auf: „Das kann doch gar nicht sein! Es waren viel mehr Leute beim Brunch!" Sie hatte nicht nur dreißig – wie abgerechnet - sie hatte fast fünfzig Personen. Sie war vorher schon einige Male bei uns als Aushilfe hinterm Tresen gewesen, und da kann man nicht so genau kontrollieren, weil der Barkeeper selber boniert und serviert. Jetzt, wo alle Belege genau nachzurechnen waren, fehlten fast 250 Euro. Die hatte sie unterschlagen und eingesteckt. Das ist eindeutig Betrug und daraufhin ist sie sofort entlassen worden. Wir konnten ihr sonst nichts nachweisen, und sie hat nie etwas zugegeben.

Bei einem Familienbetrieb ist es das beste, wenn jeder Mitarbeiter - auch jedes mitarbeitende Familienmitglied - seinen speziellen Aufgabenbereich hat, in dem er spezielle Fachkenntnisse einsetzen oder auf Dauer erwerben kann. Jeder hat dann seine Arbeit, die er besonders gut kann und für die er auch verantwortlich ist. Ich habe einen **Küchenchef**, der dafür sorgt, daß der Wareneingang stimmt, daß die Bestellung ordnungsgemäß rausgeht und daß die Speisen entsprechend angerichtet werden. Als ich ihn ausgesucht habe, konnte ich seine Fähigkeiten nur anhand seiner Zeugnisse und seiner eigenen Aussagen einschätzen. Als ich sah, daß er die Fähigkeiten hatte, habe ich ihm die Verantwortung für den Bereich übertragen. Weil er seine Aufgaben gut erledigte, entwickelte er ein Wertgefühl in der Firma und verschaffte sich in kurzer Zeit Respekt. Für das Betriebsklima ist es gut, wenn jeder seine spezielle Verantwortung hat und ihm nicht nur bestimmte Aufgaben zeitweise übertragen werden.

Die **Kontrolle** über seine Tätigkeit muß ich natürlich weiterhin ausüben, das ist unerläßlich. Denn wenn einmal das Essen versalzen ist, darf ich mich nicht scheuen, es deutlich anzusprechen: "Hör zu, das Essen ist aber versalzen. Da mußt du beim Abschmecken besser aufpassen. Ich verlange, daß sich alle bei der Arbeit konzentrieren, wie in jedem anderen Beruf." Wenn sich die Gewohnheit einschleicht, wird mit den Gewürzen immer salopper umgegangen. Es wird nicht immer probiert, es wird schon schmecken. Genauso kontrollieren meine Mitarbeiter meine Tätigkeit. Der Küchenchef übt Kritik an den Speisekarten, am Inhalt, an der Form, an den geplanten Veranstaltungen. Da hat er auch seine Einwände und sagt: „Hör zu, das paßt nicht zur Saison!" oder "Warum machst Du nichts für die Wintersaison? Da fehlt eine Veranstaltung." Solche gegenseitigen Kontrollen sind hilfreich. Mit dieser Kritik kann ich gut leben. Vor größeren Veranstaltungen setzten wir uns sowieso zusammen; denn wir haben festgestellt: Gemeinsam erzielen wir wesentlich bessere Ergebnisse als jeder allein.

Mittlerweile leitet mein Küchenchef den Bereich selbständig. Zwischen uns besteht ein gutes Verhältnis und die Mitarbeiter sind zufrieden, denn bei uns geht es auch um das **Klima** und nicht unbedingt nur um den Lohn. Der steht in manchen Betrieben im Vordergrund, dort heißt es: Das Geld muß stimmen, alles andere ist unwichtig. Das ist für mich keine tragfähige Arbeitsbasis. Ich bin jetzt aus der Küche abkömmlich, ich kann aber jederzeit mitarbeiten, denn ich möchte nie ganz raus sein. Wenn mir dieser Einblick fehlte und ich mich ganz aus dem eigenen Betrieb rausdrängen ließe, hätte ich auch nicht mehr das richtige Verständnis dafür und auch keine Kontrolle. Es gibt immer wieder Dinge, mit denen ich nicht zufrieden bin, deren Ursache ich dann aber nicht mehr erkennen könnte. Ich darf auch nicht einfach in die Küche gehen und den Küchenchef wieder eine Stufe zurückstellen. Ich muß mich schon eingliedern, ich darf nicht seine Position übernehmen wollen. Ich bin einfach Beikoch und stelle mich als gleichwertig neben ihn und arbeite mit. Dabei habe ich natürlich alles im Blick, was für meine Einschätzung wichtig ist. Gibt es in dem Zusammenhang etwas zu kritisieren, kann ich es jederzeit frei heraus sagen, denn ich weiß, worüber ich rede.

Einem früheren Mitarbeiter hatte ich die Kontrolle über seinen Bereich ganz überlassen und gab selber nur noch Anregungen. Er gab die Planung und Organisation der Bar vor, weil ich dachte, er müßte diese Verantwortung haben. Dabei bin ich aber schlecht gefahren. Ich konnte nichts mehr verändern, das Konzept stand, auch wenn ich nicht damit einverstanden war. Das hat mir nicht gefallen. Ich meine, **ich muß selber Ideen einbringen, dafür bin ich der Chef.** Jetzt gebe ich die Struktur vor und frage nach Verbesserungsvorschlägen. Ich halte das für die bessere Möglichkeit. Man bleibt selber noch Chef mit der Verantwortung für das Ganze und der Mitarbeiter hat die Verantwortung für seinen Bereich.

Ich habe in meinem Unternehmen Umsatzbereiche geschaffen und voneinander abgegrenzt, um sie gezielt optimieren zu können.

Die klassischen Bereiche sind Hotel und Restaurant, sowie Bar oder Tresen. Manche Betriebe brauchen sich mit einer solchen Einteilung gar nicht zu beschäftigen, weil sie nur Restaurant sind, wie „der Italiener" oder „der Grieche". Probleme gibt es da, wo mehrere Bereiche parallel oder miteinander verflochten geführt werden, wie z.B. das Außer-Haus-Geschäft (das immer mehr im Kommen ist) und eben Hotel, Restaurant, Bar, Kegelbahn und Schießhalle. Je größer der Betrieb wird, um so schwerer wird es zu kontrollieren, wo Umsätze gemacht werden und wo hohe Kosten entstehen, die in anderen Bereichen wieder aufzufangen sind. Nur darf ich nicht vergessen, im Nachhinein zu **prüfen, ob der erwartete Umsatz und Gewinn auch entstanden ist.**

Ich muß Defizite schnell erkennen und sofort beheben. Dabei nutze ich die Vorteile, die mir die Statistik bietet. **Ich erstelle meine Statistik in Eigenregie.** Mit ihr kann ich jeden Bereich erfassen und seinen Umsatz kontrollieren. Dabei ist der Computer das ideale Instrument. Die Statistik des Steuerberaters ist für mein Geschäft nicht so relevant, weil sie für mich den Betrieb nicht widerspiegelt, die Zahlen anders zuordnet und vielleicht in der Darstellung ein einseitiges Bild über das Geschehen im Betrieb zeichnet. Das ist für das Finanzamt ausreichend, nicht aber für meine geschäftliche Praxis. Die Bar hat z.B. wenig Einsatz an Verbrauchsmaterial wie Tischdecken oder Kerzen, eher schon an Erdnüssen. Der Tresen ist unkompliziert, er verursacht kaum Kosten. Die Kegelbahn dagegen muß gepflegt werden, gesaugt, poliert, gewischt, die Kegel, die Bohle müssen gereinigt werden. Es ist schon ein größerer Kostenaufwand da, den ich mit den Ergebnissen verrechnen muß. Durch solche einfachen statistischen Beobachtungen behalte ich immer den **Überblick** und weiß, wo ich stehe. Doch manche Kollegen meinen: „Was ich nicht weiß, macht mich nicht heiß." Sie arbeiten zwar schwer, wissen aber lange nicht, was dabei herausgekommen ist.

Als ich nach einiger Zeit merkte, daß mein Küchenmeister nicht ausgelastet war, und Putzhilfen und einen Gesellen zu steuern für ihn keine Herausforderung mehr war, haben wir beschlossen, **Ausbildungsbetrieb** zu werden. Wir suchten einen Lehrling, dem er aus seiner Erfahrung heraus eine Menge beibringen konnte. Das brachte neuen Schwung in die Küche, weil es Spaß macht, die Verantwortung für einen jungen Anfänger zu übernehmen. Durch den Lehrling ist ein ganz neues Betriebsklima entstanden, natürlich ein positives. Es ist alles wieder etwas professioneller geworden und jeder hat das Gefühl, er trägt Verantwortung, muß Vorbild sein und auch fachlich und pädagogisch gut arbeiten. Das war für alle Mitarbeiter in der Küche ein großer Vorteil, ob es die Putzhilfen waren oder die Gesellen oder der Küchenchef selber. Denn jetzt haben sie die Küche gut strukturiert; die Aufgaben sind jetzt genau gegliedert.

Der Küchenchef verantwortet die Küchenorganisation, das heißt: Einkauf, Personaleinteilung, HACCP usw. Er hat den Bereich nach folgenden Tätigkeiten strukturiert: Arbeiten, die er als Chef ausführt, Aufgaben des Lehrlings und Aktivitäten, für die die Abwaschfrau auch als Kaltmamsell zuständig ist. Der Lehrling macht vom zweiten Lehrjahr an fortgeschrittene Arbeiten, setzt Soßen an und kümmert sich um die Desserts. Die Putzhilfen und Abwaschfrauen sind eingeteilt, Gemüse zu putzen und gleich zu schneiden. Dazu mußten sie angelernt werden und jetzt beherrschen sie es. Sie werden auch zu besonderen Maßnahmen eingeteilt, wenn die Öfen gereinigt werden sollen oder wenn sie die Vorbereitung mitmachen. Für sie heißt das, Salat waschen und schneiden oder Gemüse vorbereiten. Dabei bekommt der Lehrling seine erforderlichen Unterweisungen gleich mit. Wir sehen zu, daß am Tage 30 Minuten nur für seine Unterrichtung da sind. Sie haben es so eingerichtet, daß die Küche sofort aktiv werden kann, wenn sie am Nachmittag anfangen. Mit dem Service haben sie dafür gesorgt, daß die Gäste, wenn sie auf das Essen warten, immer eine kleine Vorspeise bekommen, eine kleine Aufmerksamkeit, ein *Amuse-gueule*.

Diese Personaleinteilung spielt eine wichtige Rolle. Das Tagesgeschäft beginnt so ab 18 Uhr. Dabei hat jeder seine festen Aufgaben und ist auf seinem Posten eingespielt. Da wird nicht viel geredet, da wird nicht viel herumgelaufen, das geht alles Hand in Hand. An manchen Tagen ist es aber auch so, daß das Stammpersonal wegen Krankheit oder Urlaub ausfällt. Es werden Aushilfskräfte eingesetzt, die angelernt werden müssen. Sie können es nicht so schnell, und dann ist das Hand-in-Hand-Arbeiten und dieses Ruhigbleiben nicht mehr so einfach. Dann kommt vielleicht noch ein Tisch mit Gästen im Clubraum extra dazu, ein paar Personen mehr möchten essen und dann entsteht schon leicht mal Streß.

Zur meiner Frau als Mitarbeiterin im Betrieb habe ich ein ganz besonderes Verhältnis. **Als Wirt und Wirtin müssen wir feinfühliger miteinander umgehen**, als mit unseren Mitarbeitern, weil wir den ganzen Tag zusammenarbeiten. Sie bringt eine Komponente in das Geschäft, die ich als Mann nicht bieten kann: das Strahlende, das Schöne, das Weibliche. Und gerade das kommt bei den Gästen gut an, ob im Bereich Service oder beim Empfang. Bei Gästen, die negative Kritik üben möchten oder einfach schlecht gelaunt sind, schafft es meine Frau mit ein paar lockeren Sprüchen, sie wieder aufzumuntern und das gute Klima wieder herzustellen. Dabei spielt es gar keine Rolle, welche Worte sie benutzt, es ist der Ton, mit dem sie das macht und die Ausstrahlung; sie ist eben sympathisch.

Jeder von uns beiden hat seinen eigenen Bereich. Ich habe die Küche und die Büroorganisation und sie den Service, die Dekoration und den Einkauf dafür. Probleme bekommen wir, wenn einer im Bereich des anderen etwas tut oder veranlaßt, was dem anderen nicht paßt, was nicht den jeweiligen Erwartungen entspricht. Es ist schwer, das ohne Emotionen wegzustecken, man ist gekränkt, man hat sein Bestes gegeben und der andere ist nicht damit einverstanden und korrigiert einen. Mit Mitarbeitern ist das anders. Die Hierarchie setzt die Grenzen, aber in der Familie ist das nicht so einfach. Deshalb

Grenzen, aber in der Familie ist das nicht so einfach. Deshalb sollte man sich aus dem Bereich des anderen heraushalten. Voraussetzung ist natürlich, daß jeder in seiner Sparte fachlich kompetent ist. Bei uns ist es optimal: Wir haben beide die gleiche Schulbildung, die gleiche Ausbildung und sind beide auf dem gleichen fachlichen Stand. Deshalb können wir uns auch mit Gewinn über alle Bereiche austauschen. Und wir sprechen viel miteinander, um unser Angebot zu überprüfen und immer besser zu machen.

Kommt die Wirtin nicht aus dem Beruf, hat sie das Geschäft aber auf jeden Fall voll zu akzeptieren, weil sonst das Familienleben immer darunter leiden wird. **Wir Gastronomen haben andere Arbeitszeiten** als die meisten anderen Berufe. Auch sollte es ihr Freude bereiten, mit Menschen umzugehen. Sie muß diplomatisch sein, darf sich nicht auf bestimmte Meinungen festlegen, wenn sie mit Gästen in Kontakt ist, sondern muß klug und überlegt handeln. Sie hat manchmal zwischen Gästen zu vermitteln oder zu schlichten, was in Gesellschaften, bei Hochzeiten, an der Bar oder am Tresen schon mal vorkommt. Sie muß immer auszugleichen versuchen und mit Gästen umgehen können, kontaktfreudig sein. Natürlich ist die Wirtin auch gehalten, wirtschaftlich zu denken, sie muß die Zusammenhänge verstehen und umsetzen können, sowie Probleme erkennen und frühzeitig lösen. All das soll ich als Wirt natürlich auch können.

9. Technologie - Moderne Medien einsetzen

Der Gastwirt darf sich nicht vor der Technik verschließen. Früher hatte ich keinen Bezug dazu, bis ich im elterlichen Betrieb die erste elektrische Schreibmaschine bekam. Wenn ich damit einen Brief schrieb, konnte ich ohne Aufwand Teile verbessern oder wieder löschen. Ich konnte beim Schreiben denken. Bei der alten Schreibmaschine mußte ich vorher gedacht haben, denn verändern ließ sich da nichts mehr. Man braucht heute vor der neuen **Informationstechnologie** keine Angst zu haben, man sollte vielleicht einen Einstiegskurs besuchen, wenn man mit der Materie bisher noch nichts zu tun hatte. Das eigentliche Können kommt mit der Zeit. Einfach davorsitzen, dabeibleiben, jeden Tag, jeden Abend ein bißchen damit arbeiten, dann wird es mit der Zeit selbstverständlich, mit dem Computer zu arbeiten.

Mit dem Computer läßt sich alles sehr komfortabel erledigen, ändern und einrichten. Bei mir ist die Telefonanlage an den Computer angeschlossen. z.B. für Gebühreninformationen. **Rechnungen** schreibe ich mit ihm. Mit einer Maske ist das ein Kinderspiel. Habe ich früher mindestens eine Viertelstunde gesessen, um die Rechnung vollständig und ordnungsgemäß auszufüllen, ist es heutzutage mit dem Computer eine Sache von ein bis zwei Minuten. Die Rechnungen sind auch optisch gut gestaltet. Weil es meist um größere Summen geht, schreibe ich nichts mehr handschriftlich auf Quittungsformulare. Das ist nicht mehr Stil des Hauses. Ich habe gute Rechnungsprogramme günstig gekauft, die das Zusammenrechnen, an dem man früher lange gearbeitet hat, automatisch übernehmen, Mehrwertsteuer und Nettobeträge auswerfen und keine Rechenfehler machen.

Alle meine **Werbeaktionen** laufen über den PC. Auf Knopfdruck verschaffe ich mir einen Überblick, womit und bei wem ich schon geworben habe; ich brauche keine Ordner herauszusuchen und nachzublättern. Ich gestalte meine Werbung, bringe eigene Ideen zu Papier und brauche die Profis nicht mehr. Die stricken, nebenbei gesagt, auch immer nur ihre eigene, gleiche Masche.

Bisher war das **Kassenbuchführen** eine ganz aufwendige Angelegenheit. Wenn da am Anfang des Monats ein Rechenfehler auftrat, zog er sich bis zum Ende des Monats mit. Mit einem Rechenprogramm kann mir das nicht mehr passieren. Mache ich eine falsche Eingabe, kann ich das ohne großen Aufwand ändern und das Programm stellt alles sofort für den ganzen Monat um. Das war beim handschriftlichen Kassenbuch nicht möglich, da mußte jeder Tag neu ausgerechnet werden.

Statistiken lassen sich mit dem Computer sehr einfach und schnell zusammenstellen. Die Programme werten meine täglichen Eingaben als Übersicht über die verschiedenen Daten und Datengruppen aus. Bisher war das immer zeitaufwendig und zu Beginn muß man auch wieder Zeit investieren. Aber wenn man die Statistikrahmen erstellt hat, geben sie eine Unmenge von Informationen her, ob es um die Einnahmen geht oder um den Kundenstamm, die Fix- oder Energiekosten. Ich sehe auf einen Blick, an welcher Stelle ich etwas verändern muß.

Ich habe den **Umsatz** nach Betriebsbereichen und deren Einnahmen gesplittet. Das sind die Kegelbahn, das Restaurant, das Hotel, der Schießstand, der Gastwirtschaftsbereich und der Tresen. Wenn ich jetzt Unkosten und Einnahmen gegeneinanderhalte, kann ich Erstaunliches erkennen: wie wenig doch die Kegelbahn an Umsatz bringt und wie hoch der Umsatz am Tresen ist! Bis dahin hatte ich ganz falsche Vorstellungen von den Bereichen. Wenn man Statistiken führt, ergeben sich andere Sichtweisen als wenn man dabeisteht und das Geschäft beobachtet.

Statistiken haben aber auch ihre Tücken. Es kommt immer darauf an, was man miteinander vergleicht. So muß ich mein Erstaunen relativieren, wenn ich einrechne, daß die Kegelbahn nur zwei Stunden genutzt wird, der Tresen aber vielleicht fünf Stunden. Was ist entscheidend, die Zeit oder die Anlage? Beide stehen 24 Stunden pro Tag zur Verfügung. Der Umsatz spiegelt nur wieder, daß die Gäste länger am Tresen sitzen. Vergleiche ich aber die Unkosten, die für diesen Umsatz entstehen, komme ich auf Personal-, Energie- und Raumkosten.

Wie groß ist der Aufwand, ein Glas Bier zu verkaufen? Am Tresen kann ich das Bier am unaufwendigsten servieren; denn dieser Bereich wird von einer Person allein bewältigt. Zur Kegelbahn geht der Kellner, um die Bestellung aufzunehmen; er geht den Weg zurück, bringt die Bestellung an den Tisch und kommt wieder nach vorne. Ein Kegler möchte vielleicht ein Glas Wasser trinken, dann geht das ganze von vorn los. Das Personal ist viel unterwegs. Im Restaurant läßt sich das Servieren mit der Betreuung der Gäste kombinieren, man hält Kontakt und kommt ins Gespräch. Allerdings ist das Servieren des Glases Bier ein eigener Vorgang, der Zeit und Personal erfordert. Wir kommen also zum Ergebnis: Alle Kosten sind für den Tresen am geringsten.

Auf der Kegelbahn kann ein Kellner unter den geschilderten Umständen nur ein Drittel des normalen Umsatzes schaffen. Um auf denselben Umsatz wie der Tresen zu kommen, brauchte ich zwei Kellner mehr. Oder ich verlege den Tresen an die Kegelbahn. Dort gibt es aber Spitzenzeiten: Die Vereine treffen um 20 Uhr ein, und der Kellner ist nur die erste Stunde voll beschäftigt. Die Kegelbahn bringt also nicht unbedingt Gewinn, ihre Installation kostete ein Vermögen, die laufenden Kosten sind aber relativ gering. Ich sehe sie allerdings als Möglichkeit zum Erzielen von Folgeaufträgen an. Wenn ich die Kegelbahn gut bewirte, wird sie für mich zum Werbeträger. An den Abenden kommen jeweils 12 Gäste, und damit besuchen in einem Monat über 300 meinen Betrieb. Wenn ich es schaffe, sie an meinen Betrieb zu binden, kann ich auch mit Folgeaufträgen wie Geburtstagsfeiern, Hochzeiten oder Außer-Haus-Geschäften rechnen. So gehen von der Kegelbahn indirekt mehr Umsätze aus, als der reine Betrieb hergibt. Soviel zur Statistik.

Im **Internet** hat man eine riesengroße Auswahl von Anbietern im **E-Business**. Wenn ich etwas brauche, Informationen, Ware oder Küchengeräte, kann ich sie aufrufen und anschreiben. Sie schicken mir oft sofort ihre Angebote, antworten auf Fragen oder geben ganz genaue Produktbeschreibungen. Oder ich muß Informationen über Produkte haben, z.B. über Spargel in der Spargelsaison oder über Wild, über Hirsch, Hirschfleisch, Zubereitungsarten, wenn ich etwas Be-

sonderes machen will. Dann muß ich einen Augenblick suchen und je mehr Übung ich habe, desto einfacher und schneller geht es. Oft finde ich Händler, die Produkte verkaufen wollen. Man ist sonst mit seinen Händlern eher regional gebunden und nicht anonym. Übers

Internet bleibe ich erst einmal anonym und kann mir ungestört Angebote einholen. Die Entfernung spielt ja keine Rolle.

Ein gutes Beispiel dafür ist unser **Sonnenschirm**, den wir im Biergarten aufgestellt haben. Bisher ging ich zur Messe, etwa in Hamburg, dort bekam ich sicher viel Fachinformation aber nur einen kleinen Ausschnitt der Anbieter. Als ich mir auf der InterNorga die Sonnenschirme angesehen hatte, war ich eigentlich mit keinem so recht einverstanden. Es gab nicht das Produkt, das ich gerne haben wollte und niemand konnte mir weitere Auskünfte geben. Über das Internet fand ich weitere 20 Anbieter, die Schirme herstellten und direkt vertrieben. Dabei hatte ein Anbieter genau das Angebot, das ich wollte, und zu einem sehr günstigen Preis. Den hätte ich sonst nie gefunden, denn er kam aus Südwestdeutschland und war in Hamburg nicht vertreten. Ich fand ihn über die Stichwortsuche, rief an, handelte noch Rabatte aus; er war zufrieden, ich auch und so machten wir das Geschäft. Eine solche Information spart in allen Bereichen Kosten.

Um **Kreditkarten** komme ich nicht herum. Ein Kreditkartenterminal habe ich bisher abgelehnt und mich genau bei den Anbietern informiert, etwa bei meiner Hausbank. Ich habe mich entschlossen, es über meinen Computer laufen zu lassen, der die Software abwickelt, und mir nur ein zusätzliches Modul gekauft, das an eine Schnittstelle angeschlossen wird, ein Magnetkartenleser, den man günstig frei kaufen kann. Alles andere geht über die ISDN-Karte im PC. Der alte Ratscher, in den man ein Zettelchen legte, ist inzwischen unwirtschaftlich und macht zuviel Arbeit, obwohl er noch eingesetzt wird. Der Kartenleser funktioniert für alle Karten, er hat verschiedene Spuren und kann eingestellt werden, ob er neben den EC-Karten auch die Kreditkarten lesen soll oder spezielle Karten.

Der Aufwand für mich besteht darin, daß ich **Gebühren** an die Institute zahlen muß. Dafür gibt es verschiedene Verträge. Man kann einen eigenen Vertrag abschließen oder über den Einzelhandels- oder Gasstätten-Verband gehen. Jedes Institut hat seine eigenen Prozente, wobei die EC-Karte in den Gebühren sehr günstig ist. Mein Aufwand ist es darüber hinaus, die Kellner einzuweisen und gerade bei Aushilfskräften ist das ein Problem. Mit Bargeld konnte jeder umgehen. Nun wird es auch mit den **Trinkgeldern** heikel. Wir kommen aber um das Plastikgeld einfach nicht herum. Wenn man aber merkt, daß dadurch Umsätze verloren gehen, muß man in den sauren Apfel beißen. Denn gerade Reisende und Unternehmer gehen davon aus, daß sie mit der Karte bezahlen können, und wenn nicht, steuern sie das nächste Lokal an. Für sie ist das nämlich am bequemsten, denn oft haben sie eine Karte von der Firma, über die ihre Spesen automatisch abgebucht werden.

Man versucht seit Jahren mit wenig Erfolg die **Geldkarte** einzuführen, die über einen Chip wieder aufgeladen werden kann. Sie ist eigentlich wie ein Euroscheck, denn sie wird mit einem bestimmten Betrag aufgeladen und der kann dann nach und nach abgerufen werden. Aufladen kann man in jeder Bank über den Automaten. Beim Bäcker und Schlachter geht es gut, da sind die Summen ja gering, da entfällt das Kleingeld im Portemonnaie und da ist es eine sinnvolle Geschichte, aber in der Gastronomie sind die gespeicherten Beträge immer zu knapp. Wenn ich nach jedem Restaurant- oder Hotelbesuch wieder in die Sparkasse zum Aufladen muß, dann ist der Aufwand zu groß. Bei uns hat sich dieses Verfahren nicht durchgesetzt, wir haben es wieder abgeschafft.

10. Service - Ganz für den Gast da sein

Vor dem großen Ansturm einer Veranstaltung sprechen meine Mitarbeiter und ich den Ablauf einmal durch. Nach der Arbeit rollen wir entstandene Probleme auf, und stellen fest, was passiert ist, was so gelaufen ist. Wir stellen vor allem heraus, was gut gelaufen ist und versuchen, uns in den nächsten Tagen wieder darauf einzustellen. Das bringt eine Menge für die Verbesserung der Situation und für die Stimmung. Das nächste Mal sprechen wir wieder die Probleme vor der Arbeit an, die am Tag vorher da waren, und versichern uns, daß sie nicht wieder auftreten werden. Wenn man nur immer aneinander vorbeiläuft, kann man nicht miteinander zu reden.

Unsere Probleme sind manchmal ganz banaler Art:
- Einer hat ständig vergessen die Kerzen anzuzünden, wenn sich die Gäste hinsetzen
- Keiner hat darauf geachtet, daß den ganzen Abend über die Musik zu laut war
- Keinem ist aufgefallen, daß die Beleuchtung falsch eingestellt war
- Niemand fühlte sich für die Bedienung von zwei Tischen zuständig
- Die Kellner waren nicht eingewiesen, wer sich um welche Gäste zu kümmern hat
- Keinem ist aufgefallen, daß mehrere Glühbirnen defekt waren

Es gehört zum gut geführten Service, daß wir bei unserem kurzen Appell alle Dinge kurz ansprechen und gegenseitig auf unsere Kleidung achten. Das fördert den Teamgeist. Alle Mitarbeiter müssen das Gefühl haben, daß sie dazugehören, daß sie nicht Handlanger sind, sondern ein Team bilden. Wir alle sind dafür verantwortlich, daß alles wie geplant funktioniert, und müssen darauf achten, daß Umsatz gemacht und Geld verdient wird. Niemand soll einfach seine Zeit bei uns abarbeiten, sondern sich in der Pflicht fühlen, sein Bestes zu geben. Solche Gedanken kommen bei den Mitarbeitern gut an. Sie merken, daß sie wichtig sind. Jeder Mitarbeiter genießt es, daß er einbezogen wird und auch etwas sagen soll. Das ist für ihn befriedigender, als wenn er seine Arbeit macht und danach unbeachtet wieder nach Hause geht. Und das sieht man auch unseren Mitarbeitern an.

10.1 Service und Küche - Zusammenspiel lernen

In vielen Betrieben gibt es Probleme zwischen Küche und Service. Sie sind oft verfeindet. Aus der Sicht der Küche ist man hart am Arbeiten, bemüht sich, die schmackhaftesten Speisen herzustellen und erwartet, daß sie nur noch gut serviert werden. Der Anrichtetresen ist für die Küche die Grenze; von da ab ist der Service verantwortlich. Dafür kassieren sie hohe Trinkgelder, werden für das Essen gelobt und haben auch noch die feinere Arbeit. Sie hantieren nicht in den warmen Küchendünsten, im Geruch, im Dreck der Töpfe, mit all dem haben sie nichts zu tun. Da entsteht Neid in der Küche. Wenn die Stimmung zwischen Service und Küche so gereizt ist, dann läßt man sich auch gegenseitig auflaufen:

Der Kellner bestellt ein Menü und hat vergessen, Bratkartoffeln extra zu ordern. Als er das Essen serviert, fällt ihm ein, was er vergessen hat. Er läuft in die Küche und sagt: "Macht mir schnell Bratkartoffeln. Ich habe vergessen, die zu bestellen." Die Küche mag den Kellner nicht und den Service sowieso nicht und denkt: "Na, der soll sich nun was einfallen lassen. Die Bratkartoffeln brauchen eben ihre zehn Minuten. Laß ihn man warten."

Wenn man aber ein Teil des Ganzen ist und zusammengehört, bemüht man sich, die Dinge so schnell wie möglich zu erledigen, damit sich der Service bei den Leuten keine Schelte abholt. Ich habe in Betrieben erlebt, daß der Service wirklich diskriminiert wird. Man ist der Meinung, was er sich eingebrockt hat, das muß er nun auch auslöffeln. **Der Service arbeitet an der Kundenlinie** und steht für das ganze Unternehmen. Deshalb ist ein solches Denken absolut kurzsichtig und muß verändert werden, sonst nimmt der Betrieb Schaden.

Der Service arbeitet im Spannungsfeld von **Speisenangebot – Gast – Bedienung – Küche**. Die Speisekarte weckt beim Gast bestimmte

Vorstellungen, die von der Küche erfüllt werden sollen. Mittler ist der Kellner, der auf allen Seiten agiert. Normalerweise geht das auch gut, wenn man sich gegenseitig respektiert. Spannend wird es erst, wenn etwas schief läuft. Dann macht vor allem der Ton die Musik. **Wie gehe ich mit Beschwerden und Fehlern um?** Der Service darf nicht einfach auf die Küche verweisen, wenn sich der Gast über ein Essen beschwert. Er hat den ganzen Betrieb zu vertreten und muß sich ggf. beim Gast entschuldigen und für Abhilfe sorgen. Wenn da wirklich etwas ist, was dem Gast mißfällt, nehme ich es ernst und sage der Küche: „Hört mal zu, der Gast hat sich beschwert, kann das sein?" Ich frage also nach und sage nicht: „Was hast Du da zusammengekocht?" Wenn mich aber die Küche anmacht, sage ich: „Jetzt gehst Du bitte nach vorne und erklärst, wie das zustande gekommen ist. Warum immer ich?" Bei uns geht es kollegial und kumpelhaft zu; wir duzen uns alle. Aber jeder weiß, daß es schnell zu gehen hat, wenn ich etwas sage; denn der gewisse Abstand ist trotzdem da. Der Ton ist bei uns salopp, scherzhaft und immer freundlich. Das hilft auch in Turbulenzen. Wenn es mal nicht so läuft, dann sage ich auch: „Mensch, das ist aber nichts." Solche Kritik muß sein und hat nichts mit „Du" oder „Sie" zu tun.

Um die **Beziehung zwischen Service und Küche** zu verbessern, haben wir einige Zeit lang jeden Kellner dazu bewegt, einen Teil seiner Trinkgelder in die Küche zu legen, wo sie zwischen Köchen und Putzfrauen aufgeteilt wurden. Aber weil sich die Arbeitszeiten verschoben haben und die Kellner länger als die Küche da sind, wurde es immer schwieriger, das Geld gerecht zu verteilen. Oft war auch kein Verantwortlicher mehr da oder einer aus der Küche war schon gegangen. Dann haben wir ein Sparschwein aufgestellt, in das jeder Kellner von seinem Trinkgeld einen Teil hineinstecken sollte. Ich finde, es ist nicht selbstverständlich, **daß der Service seine Trinkgelder teilt.** Und als sich das bei uns eingespielt hatte, entstand daraus ein beeindruckendes Zusammengehörigkeitsgefühl; denn die Küche weiß, sie haben kein Recht das Geld vom Kellner zu verlangen -

er bekommt es ja persönlich und gibt es freiwillig der Küche weiter - aber daß er es bekommt, liegt zum großen Teil auch am guten Essen. Ich habe mich mit den Mitarbeitern hingesetzt und ihnen die Zusammenhänge so erklärt: Wir machen in der Küche hochwertiges Essen und wegen der guten Speisen kommt auch das Trinkgeld zustande. Das konnte auch kein Kellner widerlegen, im Gegenteil, jeder erklärte sich danach bereit, etwas abzugeben.

Technisch ist das auf vielfältige Art zu lösen: Entweder steckt der Kellner das Trinkgeld beim Bezahlen gleich in ein Sonderfach seiner Börse (was aber nicht üblich ist), oder er notiert auf seinem Bestellblock die Trinkgeldmenge (aber auch das ist nicht üblich). Die dritte Variante ist die: Der Kellner bekommt am Ende des Arbeitstages seinen Umsatz von der Kasse dokumentiert. Dort kann er ablesen, daß er z.B. 135 Euro im Portemonnaie haben soll. Hat er 145 Euro, dann hat er eben 10 Euro Trinkgeld bekommen. Davon kommt die Hälfte in das Schwein und die andere Hälfte wird unter den drei Kellnern aufgeteilt. Wenn heute drei Kellner im Service arbeiten, haben sie eine Schachtel, in der sie ihr Trinkgeld gemeinsam sammeln; denn ein Kellner hat einen Tisch, der viel Trinkgeld gibt, und der anderer arbeitet genauso viel, bekommt aber viel weniger.

Das System ist so gut angekommen, daß wir zweimal im Jahr eine Betriebsfahrt machen können, an der Küche und Service gemeinsam teilnehmen, denn die Küche lädt das Servicepersonal immer wieder mit ein. Alle waren damit einverstanden. Wenn Mitarbeiter nur ein paar Tage bei uns arbeiten, werden sie darüber informiert, daß mit dem Service besprochen ist, das Trinkgeld zu teilen und in das Sparschwein zu stecken. Für uns als Unternehmer ist es auch kostengünstig, diese Betriebsfeiern zu veranstalten. Alle wissen, daß das Trinkgeld nur durch die Arbeit im Betrieb erworben werden kann, und dazu geben wir als Inhaber noch reichlich dazu. Wir bezahlen die Busfahrt zum Veranstaltungsort oder übernehmen die Getränke oder finanzieren das Abendessen beim Kollegen. Wir überreichen z.B. auch Pullover oder Regenschirme mit unserem Logo, was gut ankommt. Jede Ausfahrt ist für uns und unsere Mitarbeiter ein schönes Erlebnis, das den Zusammenhalt fördert.

10.2 Service-Personal - Gepflegt und ordentlich

Die Bedienung oder wie man heute sagt, das Service-Personal, ist die Visitenkarte unseres Hauses. Das drückt sich auch in seinem **Outfit** aus, das dem Betrieb angemessen sein muß. Dabei kann nicht jeder von seinem persönlichen Geschmack ausgehen. Ich selbst mag gerne Trachten und Rüschen, und wenn die Kellnerinnen eine bunte Schürze zum Trachtenkleid tragen, finde ich das einfach schön. Es sieht auch elegant aus. Aber es muß auch passen. Wenn die Mitarbeiter in einem Bistro die schwarze lange Schürze tragen, dann gehört es dazu und sieht geschmackvoll aus. Sie ist nebenbei auch die günstigste Art, die Kellner einzukleiden, denn sie steht jedem und ist einfach zu kombinieren. Sie ist schon eine Art Berufsuniform und paßt zu Cafés und Restaurants.

Unser Servicepersonal sieht gepflegt und ordentlich aus. Das Küchenpersonal natürlich auch. Es gibt nichts Schlimmeres als einen schmuddeligen Koch. Durch seine **Kleidung** gibt er seine Einstellung zu erkennen und man kann meist davon ausgehen, daß seine Arbeit auch so sein wird wie er aussieht. Im Service muß niemand unbedingt hübsch sein, jeder aber soll gepflegt aussehen und **natürlich überwiegt die Ausstrahlung alles**. Wir sind hier auf dem Land und haben Aushilfskräfte, die auch in der Landwirtschaft arbeiten. Wenn die aus der Arbeit kommen und so in die Uniform schlüpfen wollten und bedienen, dann geht das nicht. Ich darf nicht nach Kuhstall und Schweiß riechen. Das geht genauso wenig wie ich eine Wolke von Parfüm um mich verbreiten darf. Da darf ich als Wirt keine Scheu haben, die Mitarbeiter direkt darauf anzusprechen, sich vor der Arbeit zu duschen. **Alles sollte dezent sein**. Sie sind in sehr engem Kontakt mit den Gästen und da ist es schon wichtig, gepflegt neutral zu duften, niemals aber penetrant und sei es auch nach Chanel No. 5.

Ich stelle mein Service-Personal immer nur befristet ein. Im Einstellungsgespräch kann man zwar eine Menge erfahren, aber den Charakter und das Wesen erkennt man erst richtig während der Arbeit. Ich sage von vornherein, daß wir nur so und so lange etwas zu tun haben, entweder für eine Woche oder einen Monat oder sogar für ein halbes Jahr. Dann aber muß ich mir schon sicher sein, daß der Mitarbeiter gut ist, und ich das Arbeitsverhältnis immer noch verlängern kann. Bei solchen Abmachungen ist es auch kein großes Problem, jemanden zu entlassen. Oft sind es ja auch Leute aus der näheren Umgebung, mit denen man persönlich keinen Streit haben möchte. Auch aus diesem Grunde sind Zeitverträge die einfachste Lösung. Ich fahre gut dabei.

In der Küche hatte ich eine Mitarbeiterin für ein halbes Jahr eingestellt. Ich nenne es nicht Probezeit; es ist ein befristetes Arbeitsverhältnis. Nach vier Monaten meinte ich, daß sie gut in das Team passe und machte ihr das Angebot, ihren Vertrag um eine halbes Jahr zu verlängern. Sie könnte gerne bleiben, weil die Auftragslage gut wäre und wir genug zu tun hätten. Aber wie gesagt, oft erkennt man das Wesen eines Menschen erst nach längerer Zusammenarbeit. Bei die

ser Mitarbeiterin war plötzlich der Ehrgeiz nicht mehr da, ihr ganzes Wesen hatte sich negativ verändert, und ich wollte mich von ihr trennen. Nun war das für mich kein Problem, weil ich ihr erläutern konnte, daß die Auftragslage schlechter geworden wäre und wir ihre Mitarbeit nur bis Juli vereinbart hätten. So konnte jeder sein Gesicht wahren und wir schieden ohne Groll. Andererseits kann ein Kellner auch sagen: "Wir hatten nur ein halbes Jahr vereinbart und jetzt habe ich etwas anderes vor." Obwohl man in dringend gebrauchen könnte.

Ich arbeite mit dem Team unauffällig zusammen. Dabei erkenne ich am besten die Stärken und Schwächen und kann zur Korrektur eingreifen. Eine Mitarbeiterin hat immer so hübsch gelächelt, wenn ich in ihrer Nähe war. Sie war freundlich und zuvorkommend, so daß ich dachte: "Donnerwetter, die kann das!" Zufällig saß ich einmal an einem Nachbartisch und erlebte – von ihr unbemerkt - mit, wie sie servierte. Und das war zu meinem Erstaunen ganz unmöglich! Sie lächelte nicht, sie war gar nicht mehr nett und auch nicht zuvorkommend. Weil sie sich unbeobachtet fühlte, gab sie sich so, wie ihr im Arbeitsstreß gerade zumute war. Wichtig war es für sie anscheinend nur, beim Chef immer einen guten Eindruck zu machen. Das hielt sie bei den Gästen nicht für nötig. Wir haben darüber gesprochen und danach hat sie selber darauf geachtet, und da ging es auch anders. Hier hat es sich gelohnt, unauffällig zu beobachten, wie die Gäste behandelt werden. **Lächeln ist im Service einfach wichtig.** Ich darf nicht mit heruntergezogenen Mundwinkeln arbeiten.

Immer wieder bespreche ich mit den Kellnern einfache **Grundsätze unseres Services'**. Sie bestehen darin
- daß ein Gast angesehen wird, wenn er in die Tür tritt
- daß man auf ihn zugeht und wenn es nur einen Meter ist
- daß man sofort seine Arbeit liegenlassen muß, wenn ein Gast reinkommt
- daß man Gläserpolieren oder Spülen sofort unterbricht und sich dem Gast widmet
- daß der Gast merken muß, daß er unsere volle Aufmerksamkeit hat

- daß man Gäste zum Tisch begleitet und nicht sagt: "Hinten links ist etwas frei"
- daß man zum Tisch voraus geht.

Nicht immer hat man dazu Zeit, weil man vielleicht gerade mit Tellern auf dem Arm servieren muß. Ich kann aber sagen: „Wir haben für Sie einen schönen Tisch, der ist im Clubraum links, ich komme gleich." Wenn ich aber frei bin, gibt es nichts besseres, als den Gast zu begleiten und ihm bei der Garderobe zu helfen. Er ist gleich angenehm berührt, denn er wird beachtet. Gerade Aushilfskellner müssen angelernt werden, weil sie manche Grundsätze einfach nicht wissen oder Scheu haben, sie anzuwenden.

Wir hatten einen Hochzeitsempfang zu Mittag und das Brautpaar betritt um elf Uhr das Lokal. Die Kellnerin schenkt gerade die Sektgläser ein und läßt sich dabei nicht stören, ja sie guckt die Gäste nicht einmal an. Die standen nun in der Tür - ich konnte das von der Küche aus zufällig sehen - und wußten nicht, ob sie nach links oder nach rechts weitergehen sollten. Die Kellnerin aber machte Miene als ob sie dachte: "Bevor die mich ansprechen, schaue ich erst einmal weg und schenke die Gläser ein." Da bin ich natürlich nach vorne gelaufen, habe die Gäste begrüßt, habe ihnen gratuliert und ihnen den Tisch gezeigt, den wir für sie vorbereitet hatten. Die Mitarbeiterin meinte es gar nicht böse. Nachdem ich ihr diese Situation klargemacht und grundsätzlich erklärt hatte, ist sie heute die erste, die die Gäste begrüßt, alles stehen und liegen läßt und auf die Gäste zugeht.

Mitarbeiter müssen zu uns passen, sonst sortieren sie sich schon von selber aus. Wir hatten einige, die wurden steif, motzig, zickig und wollten sich nicht anpassen. Man muß genau darauf achten, daß man solche schwarzen Schafe nicht mitzieht, sie müssen wieder gehen, weil das auch abfärbt und auf einmal ist das Betriebsklima hin. Oder wenn die Küchenmannschaft meint, sie hätten es nicht nötig abzuwaschen, nur weil sie Köche sind. Bei uns macht jeder alles. Die gute Stimmung in unserem Haus ist langsam gewachsen. Wir haben vor Jahren im Service mit der ersten Angestellten angefangen. Sie hatte einen positiven Einfluß auf alle, die dann kamen. Meiner Erfahrung nach muß man als Chef oder Chefin Vorbild sein. Auch unsere Mutter und Schwiegermutter ist ein ausgleichender Faktor. Wenn etwas passiert ist, hört sie ruhig zu und spricht mit allen darüber. Das ist bei uns allen so. Wenn ich nicht kollegial bin, warum sollen es die anderen sein? Warum ich immer hochnäsig rumlaufen sollte, wüßte ich nicht. Ich arbeite als Wirtin genauso mit wie die anderen und das macht viel aus.

Wir achten darauf, daß wir die Mitarbeiter halten, die schon lange bei uns arbeiten. Lieber guten Leuten etwas mehr Stundenlohn zahlen. Viel Personalwechsel ist für die Gäste nicht gut und für das Haus nicht akzeptabel. Natürlich müssen wir das Personal auch kontrollieren. Das muß ohne zu stören automatisch gehen. Und **alle sollen wissen, daß kontrolliert wird**. Das Büro ist z.B. mit den Kassen vernetzt. Man kann dort sehen, was vorne eingegeben wird. Wenn ich an den Tischen vorbeigehe, kann ich überschlagen, ob gebongt wurde, was auf dem Tisch ist oder nicht. Bei langjährigem Personal kann man da eigentlich schon ziemlich sicher sein, weil noch nie etwas passiert ist und man sich gut kennt. Manche sind schon von unseren Eltern ausgesucht und von uns übernommen worden. Das ist eine gewisse Garantie. Ein Mitarbeiter war jetzt 40 Jahre bei uns und hat gerade von unserem Verband eine Urkunde bekommen. Wir bedankten uns mit einem Geschenk, das länger in Erinnerung bleibt.

10.3 Service und Gast - Immer im Mittelpunkt

Jeder Gast muß beim Betreten des Betriebs beachtet werden, ob
er ein Stammgast ist oder ein Fremder. Es ist natürlich einfacher, den
Stammgast anzusprechen, man kennt sich mittlerweile, er kommt
regelmäßig, ich weiß, wie ich mit ihm ein Gespräch anfangen kann.
Der neue Gast muß aber ebenso angesprochen werden, sonst denkt
er, daß man ihn ignoriert. Und das darf nicht passieren. Man muß
sich immer vor Augen halten, daß es die Aufgabe des Gastgebers ist,
Kontakt mit seinen Gästen aufzunehmen. Manchem fällt das richtig
schwer. Warum aber hat er dann diesen Beruf gewählt? Ich kann ja
gerne mit den Stammgästen reden, darf aber nicht vergessen, daß die
neuen Gäste Stammgäste werden können und ihnen auch ein freundliches Wort gönnen. Im Idealfall arbeite ich als Wirt mit im Service,
denn dann komme ich leichter ins Gespräch, als wenn ich nur von
Tisch zu Tisch gehe und dabei ein Gespräch anfange. Beim Servieren und Aufnehmen der Getränke finde ich schon einen Ansatzpunkt
für ein Gespräch.

Ich versuche immer, die Gäste an unser Haus zu binden. Dabei
brauche ich nicht unbedingt ein persönliches Verhältnis zu ihnen
aufzubauen; das ist bestimmt übertrieben und man schafft es auch
nicht mit jedem. Was aber ein freundliches und persönliches Gespräch bedeuten kann, erlebe ich häufiger. So standen einmal junge
Leute aus dem Nachbardorf am Tresen und wir unterhielten uns von
Wirt zu Gast. Wie der Zufall so spielt, erwähnten sie nebenbei: „Wir
heiraten nächstes Jahr!" Ich machte aus der Lamain ein konkretes
Angebot und obwohl es in ihrem Ort auch Gaststätten gibt, haben sie
tatsächlich ihre Hochzeit bei uns gefeiert. Es wurde eine große Feier
mit 280 Personen und entsprechendem Umsatz.

Kommen Bekannte oder Nachbarn zum Essen, so suchen sie schon
in dem Augenblick, in dem sie das Restaurant betreten, einen von

uns mit den Augen, sie wollen Blickkontakt aufnehmen. Wenn ich aus der Küche um die Ecke gucke und winke mal kurz, "Hallo, schön, daß ihr da seid!", ist es schon gut. Dann wissen sie, sie wurden gesehen, sie sind dagewesen und ich weiß es. **Ich gebe zu erkennen: "Ich freue mich, daß ihr gekommen seid."** Wenn sie sich ohne diesen Kontakt ins Restaurant gesetzt hätten, und wären nach dem Essen wieder rausgegangen, ohne uns zu sehen oder gesehen zu werden, hätte sie das nicht befriedigt. Sie sind Stammgäste und wollen auch als solche erkannt werden. Selbst wenn ich in Zeitdruck bin, kümmere ich mich um den Gast, der im Restaurant am Tisch sitzt und wartet. Vielleicht habe ich zuerst die anderen Gäste zu bedienen, weil die auch schon warten oder bestellt haben. Ich sage ihm im Vorbeigehen: "Ich komme sofort. Es tut mir leid, ich habe gerade viel zu tun. Ich bemühe mich aber sofort um Sie." Auf jeden Fall muß dieser erste Kontakt durch das Gespräch aufgenommen werden. Der Gast ist gleich beruhigt, weil er weiß, er ist zur Kenntnis genommen worden, jetzt kann es nicht mehr lange dauern.

Wer wartet schon gerne auf sein Essen? Wenn es einmal etwas dauert und man beachtet den Gast nicht, ist das kundenunfreundlich. Wenn ich merke, daß er mich fragend anguckt, darf ich nicht wegschauen. Manche Kellner machen das aber: Ja nicht angesprochen werden, das Essen ist nun mal noch nicht fertig, was soll ich denn machen? Die Lösung ist einfach: Auf den Gast zugehen und ihm sagen, daß in der Küche gerade sehr viel zu tun ist und sein Essen mit Sorgfalt zubereitet wird. Es dauert noch fünf Minuten. Damit ist die ganze Spannung raus.

Wie lange ein Gast zu warten bereit ist, hängt von seinen Plänen, vom Restauranttyp oder von der Tageszeit ab. Tresengäste müssen immer sofort ihr Essen haben, sie wollen trinken, etwas dazu essen und keine halbe Stunde darauf warten. Gäste, die zum Mittagstisch kommen, wollen nicht lange sitzen. Meistens sind sie auf Durchreise oder kommen in ihrer Mittagspause von der Arbeit. Sitzt jemand im

Restaurant auf den Abend, wartet er gerne eine halbe Stunde, denn er will ja einen ganzen Abend gemütlich hier verbringen. Auch auf der Kegelbahn ist es nicht entscheidend, ob das Essen nach einer Viertelstunde kommt oder länger dauert; denn die Gäste sind mit dem Kegeln beschäftigt. Deshalb muß man abwägen und die Bestellungen nicht stur nach ihrem Eintreffen in der Küche abarbeiten. Die Kegelbahn kann man einen zurücksetzen, die sind gesellig und denken nicht immer an ihr Essen, dafür ziehen wir den Mittagstisch vor. Die Hotelgäste, die bei uns übernachten, lesen am Tisch nebenbei Zeitung, da ist die Minute auch nicht so entscheidend. Das alles muß das Servicepersonal abschätzen können.

Wenn ich im Clubraum eine Gesellschaft habe und kann überblicken, daß es im Restaurant länger dauern wird, muß ich darüber mit den Gästen sprechen. Ich sage: „Drüben haben wir eine Gesellschaft. Wenn Sie sich jetzt zum Essen hinsetzen wollen, dauert es locker noch eine Stunde." Entweder schlucken sie zweimal kräftig und gehen wieder raus oder sie sagen: „Nö, wir haben Zeit. Wir setzen uns erstmal hin." Dann sage ich: „Ja, machen Sie es sich gerne gemütlich, ich komme gleich und bringe Ihnen schon mal die Karte. Sie können gern schon aussuchen, aber es wird dauern." Bei uns kommt das vor, wenn im Saal alles voll ist, die Kegelbahn besetzt und vorbestellte Gesellschaften gekommen sind. Oder sonntags beim Brunch. Da weiß ich, die Küche kommt bis um halb eins nicht nach, wenn ich im Restaurant à la carte annehmen würde. Das darf ich nicht machen. Das muß ich mit der Küche erst abklären: „Wieweit seid Ihr? Geht das in Ordnung, wenn ich das jetzt annehme?" Ansonsten sage ich: „Es tut mir leid, wir schaffen es im Moment nicht." Und wenn Busreisen von unterwegs anrufen, ob sie zum Essen kommen können, kann ich nur sagen: „Ab halb eins geht es wieder." **Lieber in dem Moment absagen, als nichts sagen und hoffen.** Einen Gast sitzen und warten zu lassen, das geht nicht. Der geht nach einer Weile ungehalten raus und kommt nicht wieder.

Ein Kellner muß die die Stimmung des Gastes richtig einzuschätzen können. Das ist wie beim Friseur: Will der Kunde etwas erzählen, will er etwas loswerden oder will er mit sich selbst beschäftigt sein und nicht gestört werden? Ich lasse die Gäste erst einmal in Ruhe aussuchen, was sie essen wollen, frage, ob ich schon Getränke aufnehmen soll oder ob sie erst gucken möchten. Ich gehe dann erst mal wieder weg und mache was anderes. Wenn ich Zeit habe, gehe ich in die Nähe, falte am Nachbartisch Servietten oder so etwas und merke dann ja schon, wie sie drauf sind. Wenn sie ein bißchen reserviert sind, halte ich mich auch zurück, sind sie gesprächig, kann man ganz locker darauf eingehen.

Wenn der Gast zahlen möchte, muß er das auch in kurzer Zeit tun dürfen. Wenn er sich einen schönen Abend gemacht hat, dann möchte er ihn nun mit dem Bezahlen abschließen und das duldet keinen Aufschub. Der Abend ist jetzt für ihn vorbei, es ist für ihn nicht mehr gemütlich und er hat keine Zeit mehr, länger zu verweilen. Wenn der Kellner nicht richtig reagiert, dann ist das für den Gast sehr unangenehm, er empfindet jedes Warten subjektiv als sehr lang. Die zwanzig Minuten machen den Abend zwar auch nicht mehr aus, aber seine Frau hat wahrscheinlich schon den Mantel übergezogen und er kommt nicht weg. Es gibt auch schon Gerichtsurteile darüber. Wird einem das Geld nicht abgenommen, und man bittet das dritte Mal darum, bezahlen zu dürfen, darf man das Restaurant auch ohne zu bezahlen verlassen.

Man muß auch Veränderungen im Gastverhalten registrieren und darauf reagieren. Früher war es bei den Vereinen üblich, daß man sich alle vier Wochen traf und daß gefeiert wurde. Man hat dabei auch Geld ausgegeben. Heute hat man den Eindruck, daß jeder sein Geld zusammenhalten muß. Jeder bestellt sich ein Getränk und ein günstiges Essen, achtet aber schon darauf, daß er nicht zu viel Geld ausgibt. Der große Umsatz kommt dadurch natürlich nicht mehr zustande. Es gibt sicherlich noch Vereine, die immer richtig feiern, aber dann sind es auch die etwas Älteren. Die junge Generation hat für solche Feiern nichts mehr übrig. Sie ist auch sehr unzuverlässig mit dem Erscheinen. Wenn eine Kegelgruppe aus 14 Mitgliedern

besteht, sind bei den jungen Leuten immer nur 50 % anwesend, weil die doch andere Dinge in den Vordergrund stellen. Die etwas Älteren, so ab 40 Jahren, sind fast immer zu 90 Prozent da. Aber auch bei denen ist nicht mehr das Feiern so wichtig, sondern sich wieder einmal zu treffen. Jeder muß am nächsten Tag um 7 Uhr wieder bei der Arbeit sein, darf sich auch keine Fehler erlauben. Früher konnte man schon mal mit dickem Kopf zur Arbeit gehen, da war der Leistungsdruck vielleicht nicht ganz so hoch wie heute.

10.4 Serviceprobleme - Selten aber heftig

Wenn man für und mit vielen Menschen arbeitet, gibt es natürlich auch Probleme. Sie können den Wirt schon ganz schön fordern. Zu Mittag hatten wir eine große Gesellschaft von 100 Personen. Sie wollten um 12 Uhr ihr Essen. Die Rouladen, die es als Hauptspeise gab, sollten schon vorher angebraten, in einem Fonds auf Bleche gelegt und im Ofen geschmort werden. Wir hatten drei Öfen mit jeweils 35 Rouladen, die um zehn Uhr auf die höchste Stufe gestellt wurden, damit sie schön kräftig schmoren sollten. **Das Problem war nur, daß der eine Ofen defekt war und sich nach 15 Minuten unbemerkt abstellte.** Damit hatte niemand gerechnet und es hatte auch keiner kontrolliert. Um 12 Uhr wurden die Rouladen angerichtet und dabei fiel auf, daß ein Blech nicht fertig geworden war. Was tun? Entweder den Gästen sagen, was ist, oder abwarten, ob es ihnen auffällt. Wir haben auch die nicht so ganz garen Rouladen serviert und das war verkehrt. Wenn die Gefahr bestand, daß man sie nur schwer durchschneiden und erst recht nicht beißen konnte, dann hätten wir sie auch nicht servieren dürfen. Wir hätten unser Problem erklären müssen und ein Steak oder ein Schnitzel als Ersatz anbieten sollen. Das wäre zwar nicht so schön gewesen, aber immer noch besser als ein ungenießbares Essen zu servieren. Das Ergebnis war große Unzufriedenheit auf beiden Seiten. Uns hing es tagelang nach. Auch Jahre später gibt es noch diesen oder jenen, der sich daran erinnert und uns damit aufzieht, wie zäh die Rouladen damals gewesen sind.

Ein anderes Problem hat uns auch zu schaffen gemacht. Der Auftrag für ein Außer-Haus-Essen war vom Servicepersonal aufgenommen und ins Auftragsbuch geschrieben worden, aber entweder unleserlich oder zu klein oder auf der falschen Seite. Das war einmal besprochen worden und dann hört man bis zu dem Zeitpunkt nichts mehr davon, bis sie es abholen kommen oder es gebracht werden soll. Wenn dann der Gast um 20 Uhr in der Tür steht und möchte zehn Minuten später das Essen mitnehmen und der Schinkenbraten, um den es sich hier handelte, ist nicht im Ofen, dann hilft auch keine Mikrowelle, den bekommt man nicht gar. Wir mußten versuchen, noch das Beste aus der Situation zu machen. **Wir waren ehrlich und gaben zu, daß wir den Auftrag übersehen hatten** und boten auch gleich eine Alternative an. Entweder eine Suppe kochen oder Kurzgebratenes wie Steaks, Schnitzel, Hähnchen. Unser Gast hat ja seine Gesellschaft zu Hause, die er bewirten will. Da mußten wir alles stehen und liegen lassen und Vorschläge machen. Wir lieferten dann vom Feinsten. Wir brieten Filets und brachten sie ihm ins Haus, und das alles innerhalb von einer halben Stunde. Bei uns lief es natürlich in die Kosten, die aber in diesem Moment keine Rolle spielen durften, weil die negative Kritik nicht so schnell wieder wegzubügeln gewesen wäre. Man gilt dann als unzuverlässig. Ein solches Image ist für dieses Geschäft der GAU, der größte anzunehmende Unfall. Und dennoch riefen später Gäste am Tag vorher an und meinten, sie möchten doch Bescheid geben, sie hätten für morgen Essen bestellt, und wir sollten es nicht vergessen. Das hatte sich herumgesprochen. Das darf eigentlich nicht passieren, aber es passiert.

Auch kann es vorkommen, daß im A-la-Carte-Bereich **ein Gast unzufrieden ist.** Das Schnitzel ist nicht so, wie er es sich vorgestellt hat, es ist zu klein, es ist zu groß, es ist nicht richtig gewürzt, es ist verbrannt, es ist zu wenig gebraten, es ist zu sehr durchgebraten. Man muß die Kritik des Gastes auf jeden Fall anhören und anerkennen. Es nützt nichts, mit ihm eine Diskussion anzufangen. In diesem Augenblick muß man auch Schadensbegrenzung betreiben indem man anbietet, sofort ein neues Schnitzel zu braten. Obwohl das meistens zu spät ist. Der Gast hat gegessen und will nicht noch ein weiteres Schnitzel haben. Man kann auch fragen, womit man den Mangel wieder gutmachen kann, ob es eine kleine Aufmerksamkeit wie ein Aperitif oder ein Dessert sein darf, die für den Gast natürlich kostenlos sind. Diese Aufmerksamkeiten fallen kaum ins Gewicht, aber der Gast muß merken, daß seine Beschwerde anerkannt wird, man sich um ihn kümmert. Als ich in einem Sportrestaurant gefragt wurde, ob es denn geschmeckt habe und ich mit Verweis auf das kaum angegessene Baguette verneinte, war die Kellnerin sofort beleidigt und ließ mich bis zum stummen Kassieren einfach sitzen. Seitdem war ich nicht mehr dort.

Einmal hatte unser Auszubildender **die Pommes-frites für eine ganze Gesellschaft versalzen.** Die waren entsetzt, als sie das vorgesetzt bekamen; die Küche auch, als das bekannt wurde. Sie schickten den Lehrling mit dem Auftrag ins Restaurant, sich bei den Gästen zu entschuldigen, es sei sein Fehler gewesen. Sie fanden das eigentlich ganz richtig, denn er sollte sehen, daß die Gäste unzufrieden waren. Da hatten sie sich aber ins eigene Fleisch geschnitten. Denn es hieß am nächsten Tag, unser Gasthaus wäre schon soweit, daß wir den Auszubildenden vorschickten, um uns zu rechtfertigen. Er erschien den Gästen als Sündenbock; denn oft wird der Lehrling auch dazu gemacht. Heute wissen wir, der Küchenchef hätte nach vorne gehen sollen und erklären müssen, daß die Pommes-frites aus Versehen versalzen waren. Er hätte sich entschuldigen sollen und eine Wiedergutmachung anbieten müssen.

Niemals sollte man sich mit Gästen über Politik oder Religion unterhalten. Auch wenn ein Gast damit anfängt, vom Tagesgeschehen in der Politik zu berichten. Man kann dem dann zustimmen oder unverbindliche Äußerungen machen, niemals aber sollte man sich in eine Diskussion über diese Themen einlassen. „Suup Di full un freet Di dick, hol Din Muul vun Politik", steht über der Theke eines benachbarten Landgasthofs. Und das gilt für Gäste und Wirt gleichermaßen.

11. Haftung - Es kann alles passieren

Es gibt interessante Urteile über die Haftung des Betriebes. Eines befaßt sich mit dem Gast, der sich an der Suppe eine **Verbrennung** zuzieht. Die Hühnersuppe ist eine ganz besondere Gefahrenquelle. Sie hat nämlich eine isolierende Fettschicht und kann nicht dampfen. Wenn sie kochend in die vorgewärmte Tasse gefüllt wird, und der Gast bekommt sie vorgesetzt, hat auch er den Eindruck, die Suppe sei nicht heiß, denn heiß und Dampf gehören seiner Erfahrung nach zusammen. Taucht er den Löffel in das Fett ein, so erwärmt der sich in den gut und gerne hundert Grad sofort und er verbrennt sich die Zunge. Deshalb muß der Kellner den Gast darauf aufmerksam machen, was da auf ihn zukommt. Ein Gast, der wegen Körperverletzung klagte, hat nicht Recht bekommen. Wer sich heißes Essen bestellt, muß davon ausgehen, daß es auch heiß ist. Bei der Hühnersuppe passiert es selbst in der Küche, daß man sich verbrennt, wenn man abschmeckt, obwohl man es doch wissen müßte.

Unfälle sind für die Gastronomie typische Streitfälle. Bei uns ist ein Paar auf der Tanzfläche ausgerutscht und sie hatte sich das Bein gebrochen. Sie gingen vor Gericht und behaupteten, das Parkett sei zu glatt gewesen. Sie bekamen aber nicht Recht, weil ein Tanzparkett immer glatt ist, sonst kann man nicht tanzen. Der Bereich in dem man sitzt oder in dem wegen des Servierens gelaufen wird, ist stumpf, aber die Tanzfläche nicht. Jeder, der tanzt, muß sich der Gefahr bewußt sein.

Man sollte auf jeden Fall eine Betriebshaftpflicht haben, die diese Schäden abdeckt. Das Problem in unserem Falle war, daß die Versicherung sich unserem Nachbarn gegenüber - denn er und sein Frau waren es - weigerte, den Schaden zu übernehmen, weil unsererseits keine Schuld vorlag. Wir hätten es natürlich gerne gesehen, wenn unsere Versicherung den Schaden bezahlt hätte, Schmerzensgeld und was sie alles haben wollte, dazu. Dann wären wir auch weiter keinen Ärger damit gehabt. Unsere Versicherung hat sich aber quer gestellt und hat einen Prozeß geführt. Wir haben die Durchschriften bekommen und gesehen, was da alles vor Gericht verhandelt wurde. Diese Gäste haben nie wieder unser Restaurant betreten.

Schäden entstehen auch dadurch, daß Gäste mit Soße bekleckert werden, sich ihre Kleider an irgendeinem Haken aufreißen oder Kerzenwachs vom Leuchter auf sie und ihre Sachen tropft. Tritt der Fall ein, hat der Kellner den Gast sofort darauf aufmerksam zu machen, daß der Schaden von einer Versicherung gedeckt ist. Der Gast möchte die Kleider zur Reinigung bringen, reinigen lassen, wir übernehmen die Kosten. Wenn der Schaden damit nicht reguliert werden kann, möchte er uns benachrichtigen. Solche Schäden deckt die Betriebshaftpflicht für uns ab.

Schließlich hatten wir den ungewöhnlichen Fall, daß nach der Schilderung eines Gastes, ein Sektkorken gegen seine **Brille** gesprungen sei, als der Kellner eine Flasche an der Bar öffnete. Der Korken soll an die Decke geflogen und von dort auf seine Brille heruntergeprallt sein. Es gab einen Schaden von 800 Euro. Der Kellner wußte nichts davon, als wir einen Tag später den Brief des Gastes bekamen. Was sollten wir tun? Sollten wir dieser höchst unglaubwürdigen Geschichte nachgehen? Wenn sich der Schaden so zugetragen hat, dann soll der Gast das auch der Versicherung gegenüber vertreten. Da unsere Versicherung das aber normalerweise regelt, haben wir uns mit Bewertungen ganz zurückgehalten.

Wenn etwas passiert, sind es oft Kleider und Jacken, die beschmutzt werden, und da ist unsere **Versicherung** recht kulant. Sie schlagen oft als Vergleich vor, daß die Geschädigten ihre Sachen behalten können und einen Schadenersatz von 100 oder 150 Euro bekommen. Wenn die Gäste darauf nicht eingehen, wird der Neupreis gegen den Anzug erstattet. Deshalb sollte man sich gut überlegen, zu welcher

Versicherung man geht. Man darf nicht nur auf den Beitrag achten, sondern auch darauf, wie sie Schäden regulieren. Für uns ist entscheidend, daß der Versicherer den Schaden schnell bearbeitet und begleicht und nicht jeden Vorgang mit zehn Briefwechseln hin und her wendet. Was nützt mir die beste Versicherung, wenn sie mir meine Gäste vergrault? Ich habe eine Versicherung am Ort. Wenn etwas passiert ist, kommt der Vertreter ins Haus, holt sich die Sachen ab, die Gäste bekommen innerhalb von 5 bis 7 Tagen ihren Scheck und die Sache ist erledigt. Ich bin davon erlöst, habe keinen Briefwechsel mit Fragebogen zu führen. Eine dezente und diskrete Schadensregulierung gehört auch zum guten Ruf eines Restaurantbetriebs.

12. Werbung - Auf sich aufmerksam machen

Jeder Gast erwartet für sein Geld Qualität im Sinne des Preis-Leistungs-Verhältnisses und wenn alles gut war, wird nicht weiter darüber gesprochen. Wenn es aber sehr gut war, wenn es über die Erwartungen hinausging, dann spricht er gerne darüber. **Man muß einfach mehr Qualität bieten, das ist die beste Werbung.** Man muß besser, origineller und anders sein als die anderen. Gemeint ist hier die relative Qualität, die im Verhältnis zu meinen Mitbewerbern. Wenn man erst einmal damit begonnen hat, spricht es sich schnell durch Mund-zu-Mund-Propaganda herum. Solch eine positive Kundenwerbung ist eigentlich das Optimum, das man erreichen kann. Das Schlimmste ist die negative Stimmungsmache, die geht auch ganz schnell. Wenn ein Gast negative Erfahrungen gemacht hat, wird er seinen Ärger auch dadurch los, daß er anderen davon berichtet. Dieser Tratsch ist schlecht zu steuern. Man muß einfach mehr Qualität bieten.

Um die Kunden anzusprechen, ist **Werbung per Infopost** sehr günstig. Ich mache das immer wieder. Einmal wandte ich mich an Busunternehmen, machte ein gutes Angebot und legte unseren Hausprospekt dazu. Es ist zwar nur ein Prozent Rückmeldung gekommen, ich weiß aber aus der Erfahrung und von anderen, daß das schon viel ist. In meinem Fall hat auf hundert Aussendungen eine Firma reagiert und gleich mit uns telefonischen Kontakt aufgenommen. Kurze Zeit später schrieben sie uns auch, daß wir genau in ihrem Gebiet lägen und sie ihren Kunden einmal etwas Neues anbieten wollten. Dann sind sie mit zwei Bussen gekommen. Ich habe die Aktion nach vier, fünf Wochen mit denselben Adressen wiederholt und weitere Reaktionen bekommen. Erst durch **wiederholte Erinnerung** macht diese Art der Werbung richtig Sinn.

In den **Aussendungen** biete ich unsere ganz normale Speisekarte an und speziell für Busgruppen ein Frühstücksbüffet zum günstigen Preis, unser Brunchbüffet. Ich beschreibe die Sehenswürdigkeiten in der Umgebung und daß wir genau an einer Bundesstraße liegen, um die Vorteile unseres Hotels herauszustellen. Gleichzeitig mache ich spezielle Angebote, mit Preisen und Öffnungszeiten. Das Angebot sagt auch, daß wir flexibel sind, daß wir auch kurzfristig Anfragen ausführen können, denn das ist mit entscheidend. Wenn eine Reisegesellschaft hier beim Durchfahren per Handy anruft und fragt, ob sie mit ihrer Gruppe bei uns Essen können, kann ich sagen: „Kein Problem. Kommen Sie vorbei!"

Ich muß wissen, wen ich als Zielgruppe ansprechen möchte und dabei abschätzen, ob sie auch Geld bringt, wenn sie reagiert. Ich habe z.B. einmal eine Werbeaktion für Angler gestartet und in Fachzeitschriften Kleinanzeigen gesetzt, die auch mit unserer Internetadresse versehen waren. Nur ein Dreizeiler. Der Aufhänger war „FISCHhausen", FISCH groß geschrieben. Darunter: „Ihr Anglerhotel bei uns im Fischland". Das kennen die Leute und so haben sie schon einen Bezug dazu. Eine solche Anzeige ist günstig. Sie kostet zwischen 35 und 50 Euro, erscheint bundesweit; sogar in Österreich habe ich die Zeitschrift gesehen. Aber die Ausbeute war zu gering. Es kamen nicht viele Gäste. Und wenn sie da waren, haben sie kein Geld dagelassen. Komischerweise sind Angelurlauber etwas Besonderes. Ob sie kein Geld ausgeben oder ihre Ruhe haben möchten? Ich habe wohl nicht den Geschmack der Angler getroffen, und die wissen am besten, daß es auf den Geschmack der Fische ankommt, die man angeln will. Es war für mich aber eine Erfahrung zum Thema Zielgruppe.

Wiederholt habe ich Tauchervereine angeschrieben. Das waren 80 Briefe und es hat fünf Wochen bis zu einer ersten Reaktion gedauert, aber schließlich ist ein Verein gekommen. Wenn auch nur ein Prozent der Angeschriebenen kommt, ist der Gewinn im Verhältnis zum

Aufwand schon da. Die Aussendung hat etwa 50 Euro gekostet. Den Brief habe ich selbst gestaltet, ausgedruckt und versandt. Den eigenen Zeiteinsatz rechne ich nicht zu den Kosten, weil solche Tätigkeiten zu meinem Beruf gehören. Und wenn ich erst einen Brief erstellt habe, ist die Arbeit danach nicht mehr so aufwendig. Das Porto betrug pro Brief 35 Cent, denn so günstig ist der Infobrief. Es gibt da Gewichtsgrenzen, Postleitzahlenbereich und andere Dinge zu beachten, die man unter „www.Post.de" im Internet erfahren kann.

Ein voller Erfolg sind unsere Kegelwochenenden: Wir werben mit **Informationsblättern**, die wir unseren Gästen auf den Tisch legen, z.B. beim Brunch am Sonntag. Darin geben wir Informationen über das Haus und in diesem Fall Angebote für Kegelvereine. Viele nehmen das mit, so wie Zuckerwürfel mit Werbung oder Farbprospekte. Anscheinend liegen diese Informationsblätter zu Hause und wenn Verwandte oder Freunde kommen, zeigt man es ihnen oder spricht darüber: "Mensch, ihr könnt doch mal zu uns kommen, da können wir gut essen, gut trinken und die machen auch Wochenendangebote für Kegler!" Wir müssen die Blätter nicht an unbekannte Adressaten versenden; denn unsere Kunden machen Reklame für uns. Diese Werbung hat uns wenig gekostet, aber die Wochenenden bringen richtig Geld, weil Kegler gesellige Leute sind.

Eine weitere Werbemöglichkeit sind **Messen,** die vom Fremdenverkehrsverein des Landkreises beschickt werden und die er finanziert, um die Region zu stärken. Da kann man als ehrenamtlicher Standbetreuer die Gäste direkt ansprechen, ob das überhaupt für sie in Frage kommt, ob das ihr Interesse ist. Nach solchen Kontaktgesprächen sind auch Gäste gekommen.

Häufig verteilen wir **Visitenkarten**. Sie sind schön klein, mit wenig Information, aber mit klaren, einfachen Aussagen. Auf unser Brunchbüffet machen wir so aufmerksam: "Jeden Sonntag 10 bis 14 Uhr Brunch zu einem fairen Preis." Daneben unser Logo und die

Adresse. Auf der Rückseite steht: "Diese Visitenkarte gilt als **Gutschein** im Wert von einer Tasse Kaffee." Diese Kärtchen können die Leute gut einstecken, sie werden ins Portemonnaie getan und täglich angesehen. Wir haben das gemerkt, weil Gäste noch nach einem Jahr die Karte total zerknittert vorgelegt haben. Da war der alte Preis noch drauf. Das fanden wir großartig. Der Gast mag die Karte nicht wegwerfen, denn sie hat ja einen Wert. Es sind zwar nur 1,25 Euro, aber das ist anscheinend viel wert und es tut nicht weh, die aufzubewahren. Das kann man noch weiter ausbauen.

Auch unser **Hotel** haben wir auf solchen Kärtchen beworben. Die waren schon schwieriger an den Mann zu bringen; denn Hotelkunden stammen meist nicht aus unserer Gegend. Das Wichtige daran war, daß wir es wieder als Gutschein mit einem Wert gestaltet hatten. Wir bieten darauf dem Gast an, daß er beim nächsten Aufenthalt zehn Prozent vom Übernachtungspreis einsparen kann. Das führt dazu, daß auch er diese Information ständig mit sich herumträgt und im Bedarfsfall auch jederzeit unsere Telefonnummer hat. Die Kosten laufen ja weiter, auch wenn die Zimmer leerstehen. Wenn der Gast aufgrund dieses Angebots tatsächlich kommt, ist der Rabatt so etwas wie eine Werbeausgabe.

Ähnliches haben wir als **Postwurfsendung** in einem Nachbarort, einer Kleinstadt, gemacht. Wir haben besonders auf das Brunchangebot und unseren Steakabend hingewiesen und unten rechts stand: "Diese Information ist auch ein Gutschein. Wenn Sie ihn beim Steakessen einlösen, hat er einen Wert von 1,25 Euro (eine Tasse Kaffee oder einen Schnaps)." Ich glaube, daß die Gäste diesen Zettel schon deswegen nicht wegwerfen. Der Wert bleibt im Hinterkopf und man sagt sich: „Das Ding lassen wir mal liegen. Wer weiß." Es wird vielleicht sogar an die Pinwand gehängt und ist immer vor Augen. Das Blatt haben wir im Format DIN A 6 selbst hergestellt, gedruckt und geschnitten. Wir haben 500 Stück mit der Post an alle Haushalte verteilen lassen. Die Post berechnet 4,6 Cent pro Stück.

Eigentlich viel Geld, aber man muß es gegen das rechnen, was es bringt. Jeder Haushalt bekam einen Gutschein und wer ihn einlösen kommt, bringt auch noch Leute mit. Wenn einer von vier Leuten einen Gutschein hat, schmälert das ja nicht unseren Gesamtumsatz, im Gegenteil.

Unsere Homepage wird vor allem für Werbung genutzt. Über sie gewinnen wir unsere Tauchergäste. Die Seite muß aber im Internet erst gefunden werden. Ich habe für meine Seite ein Statistik und kann an der eine Menge erkennen: Ich kann in der Suchmaschine sehen, welcher Suchbegriff gewählt wurde, ob ich mit aufgerufen wurde und an welcher Stelle ich stand. Ich kann sehen, welche Domain sie eingegeben, mit welchem Server sie mich angewählt und wieviel Seiten sie sich bei mir angesehen haben. Am Tag habe ich so zwischen 5 und 15 Aufrufe. Ich arbeite auch mit Links. Ich habe bei unseren örtlichen Tauchschulen angeregt, Hotels auf ihrer Homepage zu erwähnen. Jetzt gibt es auf ihrer HP eine Hotelliste und mich führen sie als Link. Dort liest man auch Interessantes über den Kreidesee, ein bekanntes Tauchrevier bei uns in Norddeutschland. Beim Stichwort "Kreidesee" stehen sie in den Suchmaschinen immer an erster Stelle. Da sind wir als Link unter „Hotels" vorhanden und das hat uns schon eine Menge Anfragen und Gäste per Email gebracht.

Das Aussehen der Außenanlage wirbt für unseren Betrieb. Denn als Außenwerbung verstehen wir nicht nur die Leuchtreklame sondern den Eindruck, den unser Betrieb auf den Ankommenden macht. Alles muß gepflegt wirken, der Rasen muß gemäht, der Hof gefegt sein, es darf kein Papier herumliegen. Dem Bild sehr abträglich sind Getränkedosen vor der Tür. Im Eingangsbereich dürfen niemals Blätter liegen, auch wenn es Herbst und eigentlich unvermeidbar ist. Zur Mindestausstattung gehört Licht, das auffällt und zum Hotel- oder Gastronomietyp paßt. Man muß von weitem erkennen, da ist etwas los: Hat man ein Hotel vor sich oder einen Gasthof? Das Schild "Hotel" muß groß und beleuchtet sein. Sobald Autos mit Kennzeichen aus einer anderen Region vor der Tür stehen, ist das ein Qualitäts- und Vertrauensbeweis und auch eine sehr gute Werbung. Denn der Vorüberfahrende sagt sich: „**Da sind schon Gäste von außerhalb, das ist ein gutes Zeichen.**" Und wo viele Lkws vor der Tür stehen, gibt es immer gutes Essen – in der sogenannten Fernfahrerkneipe. Andererseits sind die Gäste argwöhnisch, wenn kein weiteres Auto da steht. Wir erleben es immer wieder: Übernachtet bei uns ein Autofahrer aus Berlin oder aus dem Rheinland, kommt bald der nächste Gast, auch während der Woche.

An der Straße steht ein offizielles **Hinweisschild** auf uns vom Straßenbauamt. Das einzurichten, ist sehr teuer: pro Jahr 200 Euro. Das Schild selbst muß auch bezahlt werden. Die laufenden Kosten wie Reinigung und Instandhaltung werden aber vom Amt übernommen. Ich darf es nicht ändern. Jetzt heißt es "Gaststätte 150 Meter." Ich hätte aber gern "Hotel Zur Linde". Leider geht es nach deren Vorschriften nicht. Als Gast muß man wissen, daß ein Hotel kommt. Wenn er das Schild sieht, braucht er ein paar Sekunden, um zu überlegen, ob er anhalten will oder nicht. Je länger die Vorlaufzeit, desto besser kann er sich darauf einstellen und anhalten, wenn er möchte. Optimal wäre es, wenn ein Schild etwa 1000 Meter vorher steht, dann noch einmal 150 Meter vor dem Haus. Dann haben sich auch die entschieden, die noch gar nicht das Bedürfnis hatten zu übernachten.

Wir machen durch **Bannerwerbung** an der Straße auf uns aufmerksam, auf einer beschrifteten Plane. Zunächst wollten wir eine Tafel aufstellen. Die war uns zu teuer und Holz vergammelt leicht, Kunststoff ist schwer, deshalb sind wir auf Foliendrucke gekommen. Man kann die in jeder beliebigen Größe kaufen (Adressen im Internet); rundum sind Ösen angebracht und damit kann man sie überall festmachen. Ob an einem Planwagen, einer Hauswand, zwischen zwei Bäumen – ein Banner ist leicht zu befestigen, man kann sie wieder abnehmen, aufrollen und weglegen.

Zunächst war die Frage zu beantworten, ob man ein solches Banner einfach so aufhängen darf. Wenn man etwas fest einbaut, braucht man dafür eine Baugenehmigung. Die wird nur erteilt, wenn bestimmte Auflagen wie Entfernung von der Straße und Größe der Werbefläche erfüllt sind; ggf. erkundigt man sich beim Straßenbauamt. Es gibt aber auch Schlupflöcher: Wenn das Banner auf einer beweglichen Unterlage befestigt ist, wird daraus nach den Richtlinien kein Schild. Eine Fastfoodkette stellt Lieferwagen in Parkbuchten mit dem Hinweis "McBurger 200 Meter". Das ist offensichtlich gerade noch tolerierbar, selbst wenn es ganz dicht am vorbeifließenden Verkehr ist.

Die Preisfrage war dann: Was schreiben wir da drauf? Wir sind originell und haben unter ein Bild von Max und Moritz, die Käfer über das Bett vom Onkel Fritze laufen lassen, geschrieben: "Bei uns schlafen sie besser. Hotel zur Linde 500 Meter". Eine weitere Frage: Woran befestigen wir unser Banner? Im Nachbarort steht ein Trecker auf freiem Feld. Auf dem Frontlader weist ein Riesenschild auf ein Restaurant hin. Ein verrosteter, ausrangierter Trecker ist nicht nach unserem Geschmack. Wir wollten eher eine Kutsche oder einen Planwagen. Die sollten für diesen Zweck schon ein bißchen antik sein, zumindest etwas hermachen, Stil haben. Wir haben unser Banner schließlich am Ortseingang an einem Planwagen angebracht. Mit unserer Werbung wollen wir einen bestimmten Personenkreis ansprechen und der soll auch erkennen, mit wem er es zu tun hat.

Für Werbung in der Zeitung oder für Mailing-Aktionen setze ich einen Jahresetat fest, und mindestens einmal im Jahr denke ich in Ruhe über den Einsatz für meine Werbemaßnahmen nach. Mein Etat bremst mich, wenn ich zuviel machen will, und mahnt mich, wenn ich zu wenig gemacht habe. Wenn ich nicht kontrolliere, wieviel ich in Werbung investiere, wird das schnell zu einem hohen Kostenfaktor. Wenn ich mir aber einen Rahmen stecke, muß ich entscheiden, welche Werbung ich für gut halte und welche m.E. überflüssig ist.

Ich berechne den Werbeaufwand im Verhältnis zum Umsatz. Wo die Grenze für den Aufwand liegt, muß jeder selbst entscheiden. Ein Betrieb auf dem Lande muß anders werben als eine Gaststätte in der Fußgängerzone. Werbung kann man als Betriebsausgaben absetzen. Ich kontrolliere meinen Werbeaufwand an seinem Ergebnis und ändere die Prioritäten, wenn mir ein anderes Vorgehen lohnender erscheint.

Der Rücklauf unserer Gutscheine ist z.B. eine gute **Kontrolle,** ob unsere Werbung Zustimmung gefunden hat. Auch wenn mein Betrieb im Gespräch bleibt, ist das ein gutes Zeichen. Und selbst, wenn ich das nicht exakt messen kann, geht ein Teil meiner Werbeaufwendungen dahin. Ich darf nicht darauf warten, daß mich die Lokalzeitung auffordert, an einer Aktion teilzunehmen. Ich muß selbst bestimmen, wann ich was bewerbe. Ich muß im Oktober für Weihnachten planen und nicht erst im Dezember. Dafür stecke ich mir Ziele, die auch kontrollieren kann. Wenn ich spezielle Aktionen bewerben will, wie z.B. unser Brunch oder Steakessen oder die Taucher, darf ich nicht zu schnell aufgeben; denn Werbung schlägt nicht sofort an. Nur beständige Werbung setzt sich in den Köpfen der Gäste fest. Ich muß werbemäßig stets präsent sein, mich in den Köpfen meiner Gäste aktuell halten, und das, wenn das Geschäft gut läuft, nicht erst, wenn die Gästezahl nachläßt. Es ist effektiver, öfter mal eine kleine Aktion zu starten, als nur einmal eine große.

Bei der Werbung in Zeitungen und Zeitschriften werden Leser von Bildern in der Annonce angezogen. Mein Logo ist deshalb ein wichtiges Element. Auch wenn es viel Platz wegnimmt, ist es für die Wirkung der Anzeige entscheidend. **Mein Logo muß als Blickfang dienen**, damit man auf meine Anzeige aufmerksam wird und weiterliest. Die professionelle Werbung hat das völlig ausgereizt, v.a. mit Bildern von unbekleideten Damen. Ob das nun zum Produkt (Auto, Zigarette, Bier, Parfüm) paßt oder nicht. Man sollte versuchen, ein Logo zu wählen, was nicht viel Platz wegnimmt. Für Restaurants ist ein Hintergrundlogo passend, das man überschreiben kann. Dann braucht es überhaupt keinen Platz. Eine Lösung kann ein schwarzes Holzbrett als Hintergrund mit weißer Schrift sein, das signalisiert gleich, daß es hier ums Essen geht. Auch ist das moderner, als wenn man sein Logo links oder rechts oben in die Ecke setzen muß. Die Größe der Anzeige ist ebenfalls zu beachten. Der kleine Imbiß an der Ecke muß einspaltig werben, für ein Restaurant oder einen Gasthof, sind zweispaltige Anzeigen richtig. Ein großes Hotel darf niemals einspaltig in der Zeitung werben, das paßt nicht.

Als Werbemaßnahme kommt auch gut an, wenn man den ortsansässigen Vereinen Preise für ihre Jubiläumsveranstaltungen stiftet. Wir nennen sie **Stiftpreise**. Wenn man sich mit den Vereinen ringsherum gutstellt, kann das zu beiderseitigem Nutzen sein. Jeder Verein kommt heutzutage in die Gastsstätte und akquiriert Preise. Die brauchen sie für Veranstaltungen, für Wettbewerbe, Straßenfeste, Jubiläen usw. Man darf da nicht blocken und meinen, sie nehmen einem nur die Kundschaft weg, sondern sollte mit ihnen zusammenarbeiten. Viele Kollegen von mir sagen: "Wir geben dafür keinen Cent aus; denn wir haben nichts davon." Vereine bauen oft bei ihren Feiern eine Tombola auf und suchen dafür Siegerpreise. Der gestiftete Preis sollte immer etwas mit dem Betrieb zu tun haben. Wenn die Gäste die Tombola ansehen, muß mein Preis auch einen Werbeeffekt haben. Ein Gutschein ist eine gute Werbung. Zum einen ist er mit meinem Namen verbunden, dann besuchen die Gewinner unseren Betrieb, um den Preis einzulösen und die Kosten bleiben im Rahmen, weil ich es aus dem üblichen Angebot nehmen kann. Die Vereine fühlen sich dem Haus um so mehr verbunden, je höher der Wert des Preises ist. So ein Verein hat für unseren Betrieb ein großes Kunden-Potential. Denn meist fühlen sich die Mitglieder verpflichtet, zu der Veranstaltung des Vereins zu kommen, lernen unseren Betrieb, seine Leistungen und seinen Service kennen und werden oft Stammgäste.

Die Wünsche des Gastes sind nach Betriebsart unterschiedlich. Wenn er in ein kleines Restaurant mit niedrigen Preisen geht, erwartet er keine teure, gebügelte Stofftischdecke. In einem Hotelrestaurant würde es ihn aber erstaunen, wenn sie fehlte. Wenn eine erwartete Leistung lediglich erfüllt wird, fällt sie nicht weiter auf; geht man aber darüber nur ein wenig hinaus, ist diese **besondere Leistung eine sehr gute Werbung**. Ein Beispiel: Die Gäste haben ein Abendessen bestellt. Die besondere Leistung besteht darin, daß es von uns aus eine Vorspeise gibt. In Frankreich ist das gang und gäbe, ein *Amuse-gueule,* eine kleine Vorspeise zum Appetitanregen, zu servieren. Sie ist zwar klein, aber trotzdem eine Aufmerksamkeit, die überrascht, mit der die Gäste nicht gerechnet haben. Unsere Vorspeise ist eine hauchdünne Scheibe Lachs. Andere Betriebe schenken ein Gläschen Schnaps „auf Kosten des Hauses" aus. In einem Chinarestaurant bekam jede Dame eine Rose mit auf den Weg. Sie war klein, hat sicherlich nicht viel gekostet und keine Arbeit gemacht. Es war etwas, worüber die Gäste sprachen. Ich habe z.B. am nächsten Tag in meinem Freundeskreis gesagt: "Meine Frau hat ein Rose geschenkt bekommen!" Das bleibt in Erinnerung. Der Schnaps beim Griechen ist mittlerweile Usus.

Zu speziellen Tagen lassen wir uns Aufmerksamkeiten einfallen: Zum Muttertag ein Glas Sekt für die Mütter, zu Weihnachten einen Tannenzapfen oder ein Stück Schokolade, für die Kinder eine kleine Figur. Wer ein Gespür dafür hat, dem fallen auch die richtigen „Zugaben" ein. Man muß es aber auch durchhalten; denn wenn es gefällt, erzählt's einer dem anderen. Wenn der kommt und es passiert nichts, ist er sehr enttäuscht.

Um Werbung richtig plazieren zu können, **muß man seinen Kundenkreis kennen und pflegen**. Wir legen unseren Hotelgästen zum Frühstück oder unseren Brunchgästen manchmal Fragen zum Ankreuzen vor. Ein kleines Gewinnspiel trägt dazu bei, daß sie es ausfüllen und ihren Namen hinterlassen. Damit gewinne ich Adressenmaterial, über das ich meine Werbung versenden kann. Wenn eine Gaststätte persönliche Briefe verschickt, ist das etwas Besonderes, und ich spreche den Adressaten persönlich an. Von Banken und Versicherungen ist er das schon gewöhnt, weil sie das Know-how und die Technik dafür haben. **Wenn er von einer Gaststätte zum Geburtstag eine Postkarte bekommt, ist er überrascht und freut sich.** Dieser Sympathie-Effekt fordert von mir gerade mal 51 Cent Einsatz. Ich muß mich aber klar entscheiden, mir diese Arbeit zu machen, denn das ist zeitintensiv, vor allem die Datenpflege. Habe ich das erst einmal angefangen, darf ich auch keinen Geburtstag vergessen.

Wir gestalten unsere Aussendungen so, daß unsere Briefe gleich zu erkennen sind. Ich habe die Termine von Hochzeiten, runden Geburtstagen, Taufen oder Konfirmationen, die bei uns gefeiert wurden, dokumentiert und kann sie zum Anlaß für ein Anschreiben nehmen. Ich gratuliere zum Geburtstag und schreibe vier Wochen vorher: "Es hat uns sehr gefreut, Ihre Geburtstagsfeier für Sie ausrichten zu dürfen." Dann kann ich vielleicht den Auftrag auch in diesem Jahr bekommen. Das mache ich auch zum Hochzeitstag. Ich darf aber nicht zu aufdringlich sein.

Kleine Unternehmen wie wir sollten auch nicht auf die Werbemöglichkeiten im **Internet** verzichten. Obwohl das für mich als Gastwirt natürlich eine ganz andere Welt ist, bin ich sehr schnell in dieses Denken hineingekommen. Ich habe mich aber auch damit intensiv damit beschäftigt. Wenn ich meine Homepage von einem Profi machen lasse, ist das teuer, wenn ich mich selber daransetze, muß ich einige Zeit investieren. Für die ersten Seiten brauchte ich so etwa zehn Stunden. Aber es geht. Und wenn ich meine Kosten den Kosten des Profis gegenrechne, dann sind die zehn Stunden gut investiert. Ich muß meine HP aber auch pflegen. Eine veraltete Homepage, die ein, zwei Jahre nicht gewartet wurde, macht einen schlechten Eindruck. Die Werbung damit ist allerdings recht günstig.

An technischem Aufwand braucht man lediglich einen Computer, Internetanschluß über ein Modem oder die ISDN-Karte und ein Anwender-Programm, das es zwischen 50 und 500 Euro gibt. Dazu noch einen Scanner, besser noch eine Digitalkamera. Deren Bilder haben eine gute Auflösung und werden beim Anwender schnell geladen. **Die laufenden Kosten der Internetwerbung sind gering.** Gerade im Hotelbetrieb ist das wichtig. Wir werben mit acht verschieden Domains. Deshalb brauche ich auch eine Statistik, die mir der Server liefert. Das Problem im Internet ist nicht das Erstellen der Seite, sondern das Gefundenwerden; denn es gibt unzählige Adressen. Deshalb sind unsere Domains einprägsame Namen, die man sich merken kann: „Das Taucherhotel", „Anglerhotel", „Kegelwochenende". Eine Domain darf nicht aus zu vielen Buchstaben bestehen, die man nur mit Vorlage eintippen kann.

Wenn ich im Internet surfe, möchte ich schnell Informationen. Für mich ist die Übersicht das Wichtigste. Spezialeffekte sind schön und gut, aber wenn ich eine Minute auf den Bildaufbau warten muß, dauert es mir zu lange, dann ist mir der Effekt auch egal. Schnell geht es nur dann, wenn alles einfach gehalten ist: Klare Schrift, klare Farben, nicht zu große Bilder, Information, Aktualität. Ich kann diese Erfahrungen für meine Darstellung nutzen. Meine Seite darf nicht laienhaft aussehen und muß den Betrieb widerspiegeln. Habe ich ein renommiertes Restaurant, muß

ZUR LINDE

Tauchen

Angeln

Kegeln

Boßeln

Hotel

Bett und Bike

Restaurant

Aus dem Internet

auch die Seite professionell gestaltet sein. Das muß ein Profi für mich machen. Ich bin auf meinem Gebiet auch Profi. Wenn ich aber einen Dorfgasthof habe, dann darf ich diese Seiten selber machen. Anderes würde vielleicht nur falsche Erwartungen wecken. Für das Internet habe ich im Monat zehn bis fünfzehn Euro Kosten und die halte ich im Verhältnis zur Wirksamkeit für ziemlich unbedeutend. Wenn ich Zeitungsanzeigen, eine Postwurfsendungen oder Radiowerbung damit vergleiche, ist das Internet günstiger.

Auf jeder Werbung, die wir verschicken, steht: "**Sie finden uns auch im Internet**" oder "Weitere Informationen unter: „Keglerwochende.de". Damit haben wir nach einiger Zeit unseren Namen schon bekanntgemacht. Ich gehe davon aus, daß diejenigen, die meine Seite dann aufrufen, auch wirklich Informationen haben wollen. Die Informationsmöglichkeit auf der Homepage ist riesig und jeder Interessent kann sich wirklich ein Bild machen und besser entscheiden, ob er sich bei mir meldet oder nicht. Gerade im Hotelbereich kann sich der Gast einen fast realen Eindruck heranholen. Er kann durch meine Zimmer spazieren oder in mein Restaurant sehen.

Die Information läßt sich ohne viel Aufwand verändern. Wenn ich einen Prospekt herausgebe, dann lasse ich 5 bis 10 000 Stück drukken, um die Stückkosten gering zu halte, und was passiert? Die Postleitzahl, Telefonnummer oder die Ansicht des Hotels verändert sich und schon ist der Prospekt veraltet, nicht mehr aktuell. Das kann im Internet nicht passieren. Da kann ich jederzeit Bilder austauschen, Schriften verändern, Preise aktualisieren und das ohne weitere Kosten. Eine ganz gängige Reklame sind **Werbeartikel** wie bedruckte Kugelschreiber. Der Stückpreis ist gering. Ich bestelle bis zu 2.000 Kugelschreiber mit dem eigenen Logo und bei einer günstigen Firma kostet dann ein Kugelschreiber 25 Cent bis zwei Euro. Im Betrieb werden Kugelschreiber sowieso gebraucht. Kaufe ich alle drei Wochen beim Großhändler 100 Kugelschreiber für den Betrieb, sind die Kosten für einen unbedruckten Kugelschreiber sogar höher. Nehme ich mir die Zeit, einen günstigen Anbieter herauszusuchen, habe ich sogar noch einen Kostenvorteil durch die Werbung. Auch Streichhölzer sind gute Werbeträger. Ich darf ruhig fünf Cent für die Schachtel nehmen, das ist keine Schande. Genauso sieht es mit Feuerzeugen aus. Wenn man sie einfach unters Volk streut, ist der Werbeeffekt nicht unbedingt garantiert, denn es sind Nutzgegenstände, die herumliegen. Sobald ich sie aber für den Einkaufspreis abgebe - ich will damit keinen Profit machen - gehe ich kein finanzielles Risiko ein und der Name trägt sich von selbst weiter.

Das mache ich auch mit Textilien, mit **Pullovern und Mützen**. Hochwertige Pullover mit Werbeaufdruck kommen bei Kegelvereinen gut an. Der Clubname hinten aufgedruckt, vorne erscheint dezent unsere Werbung. Wir bestellen das für den Verein, der mit seinem Unkostenbeitrag unsere Ausgaben abdeckt. Eine tolle Werbung ist es, wenn eine solche Gruppe gemeinsam in unseren Pullovern z.B. bei einem Wettkampf auftritt. Sie sind auch davon angetan, weil sie sich schon rein äußerlich mit ihrem Verein identifizieren können. Es gibt reichlich Anbieter, die gute Qualität zu günstigen Preisen liefern. Durch Großeinkauf sind die Preise noch günstiger. Mit Mützen und Regenschirmen läuft das genauso, sobald man sie an Touristen verkaufen kann. Die wollen neben der Postkarte auch Souvenirs von einem Betrieb, den sie gut finden. **Man muß darauf achten, daß man die Unkosten herausbekommt**. Wenn man das schafft, ist es optimal. Präsente mit Werbeaufdruck sollten nicht den Anschein machen, als seien sie nur für Reklamezwecke da. Am besten ist es, wenn sie nützlich sind und auch noch täglich gebraucht werden wie Stundenpläne, Eiskratzer oder Kugelschreiber. Giveaways bei denen die Werbung überwiegt, finde ich nicht so gut. Mir geht das auch so mit meinem Großhändler, wenn er seine Artikel zu auffällig mit seinem Logo bedruckt hat. Wenn die Leute es aber selber haben wollen, dann ist das etwas anderes.

13. Verkaufen - Von Willkommen bis Abschied

Als Verkäufer meiner Waren und Dienstleistungen muß ich, wie
in jedem Bereich, wo verkauft wird, den Kunden erst einmal für
mich gewinnen. Deshalb verstehe ich das Bedienen am Tisch im Restaurant als ein Verkaufen von Getränken und Speisen. Schon die
Speisekarte vermittelt dem Gast einen ersten Eindruck von meinem Angebot. Sie muß sauber sein, keine Flecken haben, nicht zer-
fleddert, geknickt oder beschmutzt sein, eben keine Gebrauchsspuren
aufweisen, auch wenn sie länger benutzt wurde. Ihre Aufmachung
soll den Gast neugierig machen und durch das Angebot führen. Ich
habe eine kurze Einleitung, eine kleine Geschichte über den Betrieb
an den Anfang gesetzt. Gut macht sich auch ein Willkommensgruß
an die Gäste mit der Unterschrift des Besitzers oder des Teams.
Nicht gleich mit der Tür ins Haus fallen und auf der ersten Seite
schon alle Speisen aufführen. Man sollte auch die anderen Blätter
durch den Briefkopf oder das Logo des Hauses einheitlich gestalten.
Meine aktuelle Karte ist wie eine Zeitung aufgemacht mit Artikeln
zum Thema Küche, Speisen oder Kellner. Die Gäste haben etwas zu
lesen, es ist gesellig und durch ein paar unterhaltsame Witze auch
unterhaltend. Am Ende gibt es Hinweise auf kommende Veranstaltungen in unserem Hause.

Speisen haben Nummern, das ist heute Standard. Das ist ganz hilfreich, wenn der Gast sich nicht traut, den vielleicht ausgefallenen
Namen des Gerichts auszusprechen oder die Speisen ähnlich sind,
wie "Schweinschnitzel mit Gemüse und Beilage" oder "Schnitzel ü-
berbacken mit Gemüse und Beilage ". Der Kellner sollte bei der
Aufnahme bestätigen: "Ja, Nummer 27, das Schnitzel mit Bratkartoffeln", dann ist er auf der sicheren Seite, denn die Nummern werden
leider auch durcheinander gebracht. Man schreibt nicht einfach: "Gebratenes Schweinefilet mit Kartoffeln", sondern so, daß der Gast
neugierig wird: "In Butter gebratenes Filet vom Hausschwein mit in
Speck gewälzten Bratkartoffeln". Wenn das zu viel werden sollte,

wird der Hauptbestandteil wie eine Überschrift fett gedruckt, die Beilagen sind zwei Schriftarten kleiner. So kann der eilige Gast nur die Überschriften lesen: Schweinefilet, Fischfilet, Steinbeißer, Rinderfilet und hat schnell die nötige Übersicht. Auch sollte die Karte nach Vorspeisen, Vorsuppen, Hauptspeisen gegliedert sein, nach besonderen Speisen, die man unter bestimmte Rubriken stellt.

Die Deutschen trinken heute zunehmend Wasser, auch in der Gaststätte. Da gibt es Tafelwasser, Mineralwasser, die verschiedenen Marken und Arten. Die Gäste wären z.B. enttäuscht, wenn wir Apolinaris nicht vorrätig hätten, weil das für sie ein staatlich geprüftes Qualitätswasser, nicht nur das zum Qualitätsbegriff stilisierte Marketing ist. Manche Wasser können überall abgefüllt werden, während die Mineralwässer aus einer Quelle kommen müssen. Es gibt Qualitätsstufen und -merkmale und wir merken, daß unsere Gäste da gut Bescheid wissen. Auch der Anteil der Kohlensäure spielt für den Verbraucher eine Rolle. Gerade im Mittagsgeschäft hat das Wasser das Bier oder den Wein verdrängt. Deshalb kommen wir den Bedürfnissen der Gäste entgegen, wenn wir zwei oder drei Wasser auf der Speisekarte führen. Die kann man zu verschiedenen Preisen anbieten; denn der Gast, der ein hochwertiges Wasser haben möchte, soll dieses auch bei uns bekommen.

Bei den übrigen Getränken darf neben Bier und Softdrinks der Kaffee nicht fehlen. **Kaffee und Kaffeespezialitäten haben eine lebhafte Entwicklung genommen.** Was früher einfach die Tasse Kaffee war, hat sich heute zu Espresso, Capucino oder Wiener Melange erweitert. Ich habe mich darauf eingestellt, denn gerade die Spezialitäten werden mehr und mehr nachgefragt und sie sind auch ein großer Umsatzträger. Eigentlich haben das die italienischen Restaurants ins Rollen gebracht. Wenn der Wirt auch in einer ländlichen Gastwirtschaft merkt, daß er das Publikum dafür hat, muß er sich darauf einstellen, um diese Umsatzmöglichkeiten nicht zu verschwenden.

Normalerweise legt der Kellner die Speisekarten vor, fragt nach Getränken und läßt die Gäste in Ruhe wählen, während er die Order ausführen geht. Dabei fragt er aber nicht, "Was möchten Sie trinken?", sondern **"Haben Sie schon einen Getränkewunsch?"** Wenn der Gast "ein Bier" bestellt, oder wenn man Glück hat, "ein Pils" - denn dann hat er Weizenbier oder Bierspezialitäten schon ausgeschlossen - darf aber nicht die Frage kommen: "Möchten Sie ein Warsteiner, ein Ducksteiner oder ein Jever?" Denn bei diesem Quiz steht der Gast schon wieder vor einem Problem. Dann stellt er vielleicht die Rückfrage, was denn wie schmeckt, und es kann sich ein langer Dialog über Menge und Temperatur u.ä. anschließen. Besser ist die Frage "Möchten Sie ein Warsteiner Pils 0,5" oder "Möchten Sie ein großes Warsteiner?", denn auf diese Weise nimmt man dem Gast die Entscheidung gleich ein bißchen ab. Die Beratung darf selbstverständlich nicht fehlen, es ist aber besser, gleich einschätzen zu können, was der Gast möchte.

Beim Aussuchen der Speisen, sollte der Kellner ebenfalls Hilfestellung bieten. Wenn er merkt, daß der Gast unentschlossen ist und gar nicht weiß, was er essen soll, spricht er eine Empfehlung aus, entweder aus der normalen Karte oder ein Tagesgericht. Er muß eingewiesen sein, was heute verkauft werden soll oder was er am besten verkauft. Vielleicht möchte man heute aus den verschiedensten Gründen ein bestimmtes Gericht anbieten. Dann ist es sinnvoll, wenn man einen Tischaufsteller hat und darauf hinweist, weil das gesprochene und das geschrieben Wort sich gut ergänzen. "Unser Tagesgericht - Sie sehen es - ist heute das leckere Schollenfilet in Butter gebraten." Dann sagen Gäste vielleicht: "Oh, wir mögen gar keinen Fisch!" "Wir bieten in der Speiskarte auch besondere Schweine- und Rindersteaks an." Viele geben daraufhin die Karte wieder zurück und sagen: "Ja, das hört sich gut an, das nehme ich dann."

Die meisten aber suchen sich etwas aus der Karte aus und sagen es dann auch eindeutig. Manche wollen nicht aussuchen, sie scheuen die Vielfalt, sind unentschlossen. Es gibt Situationen, in denen der Gast sagt: "Ich weiß gar nicht, was ich nehmen soll." Dann kann der Servicemitarbeiter sagen: "Überlegen Sie noch einen Augenblick. Ich komme gleich wieder." Besser ist es, er berät dann einfühlsam. Niemals darf er einfach stehenbleiben und warten, was nun passiert. Er gibt Hilfestellung indem er sagt: "Im Augenblick haben wir besonders frisches Brokkoligemüse - unser Rinderfilet ist wirklich gut." Hat er auf diese Weise einige Speisen vorgestellt und eine besonders empfohlen, sagen die Unentschlossenen fast alle: "Das nehme ich, das hört sich gut an."

Solches Verkaufen ist ein Service für den Gast, es ist mein Kundendienst, kein Aufschwatzen. Für mich ist es eine große Chance, meine guten Speisen, die ich zu meinem Betrieb passend angerichtet habe, gezielt anzubieten. **Der Kellner soll Empfehlungen aussprechen.** Darauf weise ich ihn immer wieder hin. Vielleicht sollte er sagen: "Probieren Sie doch die Spezialität des Hauses, unser Rinderfilet mit den frischen Beilagen." Oder „Heute haben wir als Tagesgericht Stint mit Soße und Kartoffeln für 9,25 Euro!" Bei anderen kann ich vorschlagen: „Wir haben Giros mit Zaziki und Brot für 5,25 Euro den Teller." Bei Getränken kann ich den Leuten ansehen, ob sie einen Wein nehmen oder ob sie gleich ein Bier bestellen. Wenn ich keine Tagesgerichte anbiete oder sie nicht richtig präsentiere, kann auch nichts dabei herauskommen. Wenn die Weingläser schon auf dem Tisch eingedeckt sind, frage ich natürlich nach, ob ich einen Wein zum Essen bringen darf. Ein besseres Geschäft kann ich gar nicht machen, als erst einen Wein zu verkaufen und dann noch eine Selters oder einen Spezi. Sonst nehmen die Gäste nur ein Bier und mehr trinken sie nicht, weil sie dann schon Alkohol getrunken haben und irgendwas anderes eigentlich nicht haben wollen.

Am besten empfehle ich zuerst die Tagessuppe. Und wenn sie sagen: „Oh, das wird mir aber zuviel mit der Suppe!", dann antworte ich: „Na gut, nehmen Sie einfach ein Hauptgericht, vielleicht gibt's nachher dann lieber noch ein Dessert". Damit habe ich gleich so die Tür offen gelassen für das Nächste. Dann heißt es oft: „Ja, das könnte ich ja dann noch machen." Beim Brunch gehe ich gerne selber mit meinem Servierwagen herum, da habe ich z.B. einen Schinkenbraten drauf, den ich aufschneide, und frage dabei: „Darf ich Ihnen zu Ihrem Schinkenbraten noch einen schönen Wein bringen? Wir haben vom Faß einen halbtrockenen Rotwein, der paßt ausgezeichnet dazu."

Auf manchen Speisekarten hat sich der "Seniorenteller" eingeschlichen. Ich halte diesen Ausdruck für diskriminierend. Ein Lokal bietet im Sommer bei Grillabenden an: "Kinder und Senioren essen zum halben Preis". Ab wann bin ich denn Senior? Brauche ich dafür einen Bescheid von der Rentenkasse oder muß ich gebrechlich aussehen? Besteht der Seniorenteller aus Kartoffelbrei mit einem Stück Fleisch und Soße? Bei mir gibt es keine Seniorenteller. Bei mir gibt es alle Speisen auch in halber Größe. Die kosten nicht die Hälfte, sondern die Hälfte plus einen Euro; denn sie werden ja genauso zubereitet und serviert, nur der Materialeinsatz ist geringer. Ein Gast fragte nach diesem Teller und wollte tatsächlich wissen, wie alt er dafür sein müßte. Der Ober sagte etwas unwirsch: "Nein, nein, das hat mit dem Alter nichts zu tun! Das ist eine Bezeichnung für weniger auf dem Teller." Die Situation war eigentlich unmöglich. Ebenso denken manche Gäste, sie dürften sich keinen "Kinderteller" bestellen. Um solche Peinlichkeiten zu vermeiden, sollte man sich eindeutig ausdrücken.

Wir haben **"Spezielle Gerichte für Kinder"**. Das ist ein Extrablatt in der Speisekarte, denn Kinder möchten selber entscheiden. Ob die Eltern das auch bestellen und sie bekommen, was sie sich ausgesucht haben, ist eine andere Frage, aber sie tun es bei uns selbständig. Wir haben uns in die kindliche Psyche eingedacht und nennen unsere Angebote „Neptunteller", „Pinocchio" oder „Hänsel und Gretel". Auf der Rückseite gibt es Figuren zum Ausmalen und kleine Spiele.

Dazu bekommen sie einen Satz Stifte in einem Körbchen auf den Tisch. Jedes Kind hat entweder mit dem Lesen oder mit dem Malen dann reichlich zu tun. Wir glauben, daß diese paar Minuten für die Eltern wichtig sind, zu sich selber zu finden und in Ruhe ihr Essen auszuwählen.

Wenn ein Gastraum nur als Restaurant benutzt wird, werden die Bestecke und Servietten schon vorher eingedeckt. Das sieht gemütlich und einladend aus. Bei Gesellschaften decken wir auch Weingläser ein. Wenn in der Gaststätte gespeist wird, werden Besteck und Serviette eingedeckt, wenn der Gast die Speisen bestellt hat. Die Kerze wird angezündet und vor dem Essen der Aschenbecher entfernt, der nach dem Essen wieder eingedeckt wird. Man bedeckt den Aschenbecher mit einem Bierdeckel, damit die Asche nicht fliegt und ist beim Rausnehmen sehr vorsichtig.

Das Servieren ist eigentlich in jedem Restaurant gleich. Eigentlich, sage ich, weil man sich auch hierbei **vom Gewohnten abheben** sollte. Nur wenn man anderes bietet und besser ist, schafft man sich auch neue Kunden und ein gutes Image. Nach der Bestellung reichen wir von uns aus ein *Amuse-gueule* oder eine andere Vorspeise, damit der Gast, der aufs Essen wartet, etwas tun kann. Zur Weihnachtszeit legen wir Walnüsse und Haselnüsse mit anderen Dekorationsstücken auf der Tischdecke aus. Nach der Bestellung geht der Kellner mit einem Nußknacker und einer Schale wieder zum Tisch und sagt, daß die Gäste die Nüsse gerne knacken und essen dürften. Das wird gerne angenommen und macht Spaß, weil manche Gäste inzwischen schon versucht haben, die Nüsse mit der Hand zu knacken. Auch achten wir darauf, daß die Kinder schon ihr Essen erhalten, wenn die Erwachsenen ihre Vorspeise bekommen. Kinder warten ungern, sind ungeduldig. Wenn die Großen keine Vorspeise geordert haben, sollten die Kinder ihr Essen etwas früher bekommen als die Eltern. Sie können sich dann in Ruhe um ihre Kinder kümmern und ihr eigenes Essen wird später nicht kalt.

Wenn auf Platten serviert wird, werden die Rechauds eingestellt. **Der warme Teller gehört zum Standard.** Eine Speise, die auf einem kalten Teller angerichtet wird, verliert merklich an Hitze und damit an Qualität. Das wird vermieden, wenn der Teller nur kurz angewärmt ist, er muß nicht heiß sein. Wenn Auflaufformen gereicht werden muß auch der Hinweis kommen: "Fassen sie den Teller bitte nicht an, er ist sehr heiß!" Normalerweise aber ist der Teller nur warm, denn darauf ist nichts erhitzt worden, etwa in der Mikrowelle.

Wenn er einen Tisch bedient hat, an dem mehrere Personen sitzen, fragt der Kellner bei der letzten Speise, die er eingedeckt hat, nach: **"Haben Sie alles? Sind sie zufrieden?"** Es kann nämlich gut sein, daß ein Gast auf seine Bratkartoffeln wartet, die er bereits bestellt hat und der Kellner hat sie vergessen. Verläßt er ohne zu fragen den Tisch, weil er seiner Meinung nach alles gebracht hat, ruft ihm keiner hinterher. Vielleicht möchte aber jemand noch eine andere Soße. Wenn dann nach fünf Minuten die Beschwerde des Gastes kommt, ist es oft zu spät. Ist alles zur Zufriedenheit der Gäste geregelt, wünscht der Kellner guten Appetit und zieht sich zurück.

Während die Gäste essen, gehe ich noch einmal herum und sehe, ob auch wirklich jeder seins hat. Ich gehe langsam am Tisch vorbei, nehme Blickkontakt auf und **signalisiere meine Servicebereitschaft.** Die aufdringliche Frage "Na, schmeckt's?!" während des Essens hat ja Loriot schon genial in seinem Sketch beantwortet. Sie sollte so auf keinen Fall gestellt werden. Wenn alle fertig sind, kann ich wohl fragen, ob es gefallen und geschmeckt hat. Ich muß aber rechtzeitig erkennen, wann z.B. noch ein Getränk gewünscht wird. Auch kann ich zu einem der Gäste gehen und ihn fragen, ob er etwas möchte, oder ihm den Wein nachschenken. Manche Kellner haben Scheu, sich häufig am Tisch sehen zu lassen. Ich bin der Meinung, mein Gast ist eben ein Gast, um den ich mich kümmern muß. Er empfindet es als angenehm, wenn ich um sein Wohl besorgt bin, und sieht es als Service an, wenn ich ihn nach seinen Wünschen frage. Er ist ja zu uns gekommen, um zu essen und zu trinken. Fragt der Kellner: "Darf ich Ihnen noch ein Bier bringen?", ist das immer aufmerksam und nicht aufdringlich. Der Gast war vielleicht unsicher, ob er noch ein Bier von sich aus bestellen sollte, aber da er gefragt wird, sagt er bestimmt "Ja!". Die Fragestellung ist dabei entscheidend; denn man sagt lieber "Ja" als "Nein". "Sie haben noch zu trinken...?" ist verkaufsmäßig eine Katastrophe, weil auch hier die Antwort "Ja" heißt. Das muß jedem Mitarbeitern immer wieder klar gemacht werden, damit er die richtigen Fragen parat hat und den Gast konzentriert bedient. Hat er ein Gefühl dafür entwickelt, was wann angebracht ist, verkauft er auf diese Weise garantiert mehr.

Erst wenn keiner mehr ißt oder kaut, sollte abgeräumt werden. Lehnen sich die Gäste zurück oder zündet sich der erste seine Zigarette an, muß auch mit dem Abräumen begonnen werden. Es ist eine Unsitte, den Gast vor seinen abgegessenen Tellern eine Zeit sitzen zu lassen. Jetzt stellt man auch die Frage, ob es geschmeckt hat. Was man genau sagt, hängt oft auch von der Gegend ab. Der Gast soll merken, daß es interessiert, ob es ihm gefallen hat oder auch nicht. Wenn man sieht, daß noch reichlich Speisen da sind, bietet man an, diese für ihn zum Mitnehmen einzupacken.

Wenn sich ein Gast auf meine Frage hin beschwert, muß ich ihm das Gefühl geben, daß ich akzeptiere, was er zu bemängeln hat. Es kommt gar nicht darauf an, ob er recht hat oder nicht. **Fehler passieren immer**: Vielleicht waren die Kartoffeln nicht ganz gar oder zu salzig. Auf jeden Fall entschuldigt man sich dafür und bietet als Ausgleich einen Schnaps an, oder was er sonst trinken möchte. Wir reichen als Wiedergutmachung auch unsere Visitenkarte als Gutschein für eine Tasse Kaffee beim Brunch am Sonntagvormittag. Damit haben wir gleich eine Angel ausgeworfen. Einmal hatte ein Kegler einen kleinen Wurm im Salat. Das kommt zwar sehr selten, aber doch schon mal vor. Der Salat ist nicht ordentlich gewaschen worden, der Wurm krallt sich so in eine Ecke, daß man ihn nicht sieht, er ist getarnt und nun kommt er zum Vorschein. Für den Gast ist das wirklich schlimm, er ekelt sich. Der Kegler hatte keinen Appetit mehr und mochte auch nichts anderes mehr essen, auch keinen neuen Salat. Da haben wir ihm als Ausgleich einen Gutschein für ein komplettes Menü überreicht. Das empfanden seine Kegelbrüder als sehr generös und sahen sich ihren Salat noch mal genauer an. Alle waren mit dieser Entschädigung zufrieden. Und wenn er ihn einlösen kommt, bringt er bestimmt noch einen Gast mit.

Schließlich, wenn die Speisen abgeräumt sind, fragt der Kellner nach dem Dessert. **Auf unseren Tischen steht immer eine Dessertkarte.** Das ist auch deshalb verkaufsfördernd, weil jeder schon während des Essens das darauf abgebildete Eis vor Augen hat. Was noch besser läuft, ist eine besondere Empfehlung, z.B. "Dessert des Tages" oder "Winterwarmes Eisdessert". Es soll sich gut anhören und schon beim Gedanken daran soll einem das Wasser im Munde zusammenlaufen. Oft heißt es "Oh nein, das schaffe ich nicht mehr!" Dann bietet der Kellner an, die Portion auch auf zwei Tellern zu servieren, damit man es wenigstens probieren kann. Dieser Service ist für uns ein Verkaufsargument, das von den Gästen gern akzeptiert wird. Lehnt der Gast auch das ab, sollte der Kellner den Kaffee ansprechen oder einen Aperitif. Niemals aber sollte er alle drei gleich zur Auswahl stellen. Ein guter Kellner kann diese verschiedenen Stadien des Anbietens gut dosieren und erfolgreich abschließen.

Wenn ich merke, daß der Gast alles ablehnt, was ich noch anbiete, weil er mit seiner Hauptspeise allein zufrieden ist, sollte ich ihn auch in Frieden lassen. Allerdings muß ich wissen: **der Gast möchte immer gefragt werden.** Die Gläser bleiben auf dem Tisch stehen, auch wenn sie leer sind. Die Teller und alles Zubehör werden abgeräumt. Wenn der Gast seine Rechnung haben möchte, hat er mit dem Essen abgeschlossen. Auch wenn er drei Stunden gesessen hat, möchte er jetzt bezahlen und gehen. Man kann ihn jetzt nicht vertrösten. Bin ich mit anderen Gästen beschäftigt, sollte ich ihm auf jeden Fall signalisieren, daß ich ihn bemerkt habe und ihm augenblicklich zur Verfügung stehe.

Ich kümmere mich auch um meinen Gast beim Hinausgehen. Ich reiche ihm den Mantel zu, wenn ich in der Nähe stehe, oder helfe ihm in den Mantel hinein. Ich bedanke mich für den Besuch und sage nicht einfach "Tschüß" oder "Auf Wiedersehen", sondern "Vielen Dank für Ihren Besuch" oder "Es war nett, daß Sie uns besucht haben"; denn er soll schon wissen, daß ich mich gefreut habe, daß er da war. Ich weise auf die nächste Veranstaltung in unserem Hause hin oder auf einen gemütlichen Abend, zu dem ich ihn einlade. Ich erinnere an die bevorstehenden Festtage und mache darauf aufmerksam, daß wir noch einen schönen Tisch frei haben. Der Gast fühlt sich dadurch einbezogen und als Person und Kunde beachtet.

Alle Ober können ein Verkaufgespräche führen, aber sie vergessen es auch alle gern. Sie grinsen immer schon, wenn ich etwas sage. Wenn mir jemand entgegenkommt, erinnere ich ihn deshalb: „Was wollten wir heute noch verkaufen? Überleg mal!" Dann weiß jeder Bescheid. Oder ich sage: „So, jetzt wollen wir alle noch mal Capuccino im Saal verkaufen!" Dabei kommt es auch auf das Timing an: Wenn beim Brunch alle mit dem Essen durch sind, ist es zwölf, manchmal schon halb eins. Man sieht, sie lehnen sich zurück und denken vielleicht schon daran, nach Hause zu gehen, weil sie satt sind. Dann sage ich: „So, nun geht alle noch einmal los, ihr wißt ja Bescheid: Capuccino, Espresso usw." Dann fragen sie auch nach. Genauso ist es beim Restaurantgeschäft. Nach dem Essen sage ich dem Kellner: „Na, wollen die Leute denn noch etwas? Die grinsen doch schon, die haben doch bestimmt noch Durst." Dann wissen meine Leute schon, sie sollen noch nach einem Aquavit oder Malteser fragen.

Oder wenn sie mit dem Essen richtig durch sind, noch nach einem Kaffee. **Man muß den richtigen Zeitpunkt abpassen.** Neulich war eine Gesellschaft mit zehn Leuten am Tisch. Die ersten hatten bereits aufgegessen und wollten schon rauchen, während die anderen noch aßen Ich dachte, jetzt könnte ich fragen, ob sie noch einen Aquavit nach dem Essen möchten. Darauf reagierte einer ganz entsetzt: „Wir sind doch noch beim Essen!" Da murmelte ich etwas von „Entschuldigung!" und dann traute sich keiner mehr, etwas zu bestellen, weil einer protestiert hatte. Hier war das Timing nicht so gelungen.

So mancher gute Servierer ist oft ein schlechter Verkäufer. Er hat nicht verinnerlicht, daß auch er davon lebt, daß er seine Ware anpreist und verkauft. Er fühlt sich fälschlicherweise wie ein Hausierer, der immer nur aufs Verkaufen aus ist. Ist das der Fall, ist es meine Aufgabe als Gastwirt, ihn zu Verkaufsgesprächen zu ermuntern. Die Kellner haben genügend Zeit für solche Angebote, denn sie sind nur für den Gast da. **Und unsere Gäste wollen verwöhnt werden!** Ich kann sie immer wieder daran erinnern, denn ich habe den Überblick. Im Umgang mit dem Gast läßt sich also immer etwas anbieten, empfehlen und letztendlich auch verkaufen. Das ist kein Überreden oder Hineinverkaufen, sondern die wesentliche Aufgabe des Wirts, wenn er selbst von seinem Betrieb, seinem Angebot und seinem Beruf überzeugt ist.

MegaConsult

Unternehmensberatung, Hamburg

Hallo, lieber Leser,

√ **fanden sie dieses Buch praxisgerecht?**
√ **sollen Ihre Mitarbeiter es auch lesen?**
√ **dauert Ihnen das vielleicht zu lange?**
√ **sollen sie die Tips gleich anwenden?**
√ **planen Sie deshalb eine Besprechung?**
√ **suchen Sie dafür den Fach-Moderator?**
√ **wenden Sie sich doch gleich an MegaConsult!**

Wir veranstalten Vorträge, Seminare, Trainings mit intensiven Übungen. Auch über die Inhalte dieses Buches. Dabei können wir die vorgeschriebene Information Ihrer Mitarbeiter z.B. über Hygiene oder Sicherheit gleich mit erledigen. Das spart Zeit und ist effektiv.

Rufen Sie an oder schreiben Sie uns. Wir kümmern uns um den Rest.

Dr. Peter Schneider

MegaConsult

Burgwedel 69A
22457 Hamburg
Tel. 040-550 69 29
megaconsult@aol.com